実践から読み解く

園のリーダーのための リスペクト型マネジメント

2 語り合う保育の12か月

大豆生田啓友／編著

フレーベル館

はじめに

園のみんなで子どもの姿ベースの保育へ！
～園長、ミドルリーダー、すべての保育者のための リスペクト型マネジメント

保育業界は大激動期にあります。人口減少社会が進行し、持続可能な園経営のあり方が大きな課題となっています。その一方で乳幼児期の保育の質の重要性が叫ばれ、子ども主体の保育が求められているのです。その実現のためには、子どもの姿ベースの保育のサイクルを確立することが不可欠であり、職員間の振り返りや語り合う風土、魅力的な職場と園のブランディング、人材育成や採用、働き方改革、家庭・地域との連携など、多様な課題があります。

その課題解決の鍵となるのが、「マネジメント」力です。しかも、それはリーダーのトップダウンによる従来型では限界があります。そこで、重要だと考えたのが「リスペクト型マネジメント」の視点です。本シリーズでは、月刊保育誌『保育ナビ』においてこれまでたくさん紹介してきた先駆的な取り組みの実践事例を中心に、「リスペクト型マネジメント」の実際を考えていきたいと思っています。

本シリーズ第2巻「語り合う保育の12か月」では、2つの園における魅力的な職場づくりの実際について具体的に紹介していきます。さらに、対談などを通して、就職学生や実習生のためのマネジメント、労務管理（働き方改革）について、具体的に考えていきます。

なお、本書は園長のみならず、主任などミドルリーダー、すべての保育者にもお読みいただきたいと思っています。ぜひ、多くの方にご活用いただけると幸いです。

大豆生田啓友

Contents

実践から読み解く 園のリーダーのための
リスペクト型マネジメント ② 語り合う保育の12か月

第1章 「語り合う保育」へのアプローチ

第2章 リスペクト型マネジメントの12か月 新設園でのどたばたチームづくり

第3章

リスペクト型マネジメントの12か月

園長も、先輩も
みんなで見守る！
新人保育者育成

第4章

就職学生・実習生のための
リスペクト型マネジメント

第5章

リスペクト型マネジメントの
ための労務管理

本書の使い方

本書では、「リスペクト型マネジメント」の中でも重要な「語り合う保育」へのアプローチを提案しています。具体的には、「新設園のチームづくり」「新人保育者育成」「就職学生・実習生へのかかわり」「労務管理」という実践に役立つ内容で構成しています。

「語り合う保育」はどうすればできるのか？
事例園から「リスペクト型マネジメント」の
視点を学ぼう！

新設園の12か月は、すべての保育者に
役立つ気づきがいっぱい！
園長、ミドルリーダー、すべての保育者、
それぞれの立場で考えてみよう！

新人保育者育成の12か月から、
事例園の工夫や配慮を取り入れてみよう！

就職学生・実習生は未来の仲間！
労務管理は保育者と子どもの未来をつくる！
「リスペクト型マネジメント」の視点から
考えてみよう！

「リスペクト型
マネジメント」により
「語り合う保育」
の実現を！

第1章

「語り合う保育」へのアプローチ

本書は、園のリーダー層（中堅層も含める）がリスペクト型マネジメントを行うことを通して、保育の質向上を基盤にした人材育成を行い、組織改革につながる具体的な取り組みを学ぶことを目的としています。第１巻「組織改革の４つの視点」では基本となる４つの視点を踏まえて、様々な取り組みを紹介してきました。第２巻では、その基本を押さえながら、「語り合う保育」につながる「魅力ある職場づくり」について、さらに広く、詳しく考えていきたいと思います。

執筆　大豆生田啓友

「魅力ある職場づくり」に求められるリスペクト型マネジメント

本章では、「語り合う保育」につながる「魅力ある職場づくり」のためのリスペクト型マネジメントの視点について、詳しく考えていきたいと思います。

執筆　大豆生田啓友（玉川大学教授）

1 保育の職場が魅力的であること

① 保育士の現状と課題
―「保育の現場・職業の魅力向上検討会報告書」から考える

園が魅力的であるための鍵は何でしょうか。まずは課題となっていることから考えてみましょう。厚生労働省では、「保育の現場・職業の魅力向上検討会」において、保育の場の魅力向上について検討がなされ、報告書[*1]が出ています。その中で保育士等の現状と課題について３点が示されています。

第一には、保育士の需要の高さに対して、確保が非常に困難な実態が報告されています。これは、全国的に同様の状況があり、地域によってはかなり深刻なケースもあることは周知の事実です。

第二には、保育士養成施設に入学する人口の減少傾向および卒業生の約15％が民間企業の一般職に就職している実態が報告されています。この背景には、保育者という職業の給与が低い、労働時間が長い、苦労が多い職場であることなど、マイナスのイメージがメディアなどで報道されていることがあるかもしれません。人気の職業に対するギャップがあることも指摘されています。

第三には、保育所の離職率およびその理由について報告されています。保育士の離職率は約９％で、必ずしも高いわけではないのです。しかし、その離職の理由には課題があることが見えてきています。

② 離職の理由と課題

ここでは特に、保育者の離職の背景にある課題について考えてみましょう。上記の報告書では、離職理由について、以下のように報告しています。

> 令和元年度の東京都保育士実態調査[*2]では、過去に保育士として就業した者が退職した理由として、**職場の人間関係**が３割を占め最多であり、**給料が安い**、**仕事量が多い**、**労働時間が長い**、**妊娠・出産**、**健康上の理由（体力含む）**、**結婚**が続いている。

ほかの調査等でも同様のことが示されています。離職理由として、①職場の人間関係、②働き方などの労働条件、③保育方針、等が挙げられますが、ここに大きな課題があると考えられるのです。もちろん、その背景にはわが国における制度的な課題があることは言うまでもありません。長時間保育、クラスサイズの大きさ、配置

＊1：「保育の現場・職業の魅力向上に関する報告書」（2020（令和2）年9月30日）保育の現場・職業の魅力向上検討会、厚生労働省
＊2：「東京都保育士実態調査報告書」（令和元年５月公表）東京都福祉保健局

基準などによる、1人の保育者が担当する子どもの数の多さ、給与や待遇など、これらの課題はとても大きいと言えるでしょう。こうした構造的な課題については、公私や幼保等の種別を超えて、また現場と研究者が一緒になって制度的な課題を解決していく必要があります。

しかし、そうしたなかでも**保育者が保育の仕事が楽しいとやりがいを感じ、保育者同士の人間関係が良好で、仕事の負担感が軽減されており、結果的に離職率が減っているという園もあります。**そうした園では若年層の意欲も高く、学生が実習を通してこの園に就職したいという思いにもつながるのです。そのような魅力ある職場づくりのためには、何が求められるのでしょうか。

③魅力向上に向けた今後の課題

上記の報告書の概要は、表1（P.10）に示されています。そこでは、そもそも「保育士の仕事は魅力であふれている」ものであり、その専門性を高めるなど、質の向上が大切だとしながら3点を挙げています。

❶保育職の魅力の発信と養成の充実

まずは、保育者の魅力や専門性についての地域や保護者等への発信と、養成段階の充実を行うことが求められます。そもそも**保育職の魅力を発信するためには、保育の質の向上が図られていて、保育者自身がワクワクとして魅力的であることが基盤**となります。本書でも一貫して述べているように、子どもの姿ベースの保育の質向上のサイクル（図1）と切り離せず、そのうえでの発信力です。これからの時代はSNSなども活用しながら、魅力が伝わるような発信の工夫が求められます。

またその際に、保育を開くことが不可欠となります。保護者や学生、地域の人などに、保育への参加の機会を通してその魅力を実感してもらい、理解者（ファン）になってもらうのです。養成校との連携もそうです。学生に、実習でその園の保育や保育者の仕事に魅力を感じてもらうことが、この仕事に就きたいという思いにつながります。学生が就職する園を選ぶ時に**「保育内容」は最も重視される項目の1つなので、ここでも子どもの姿ベースの保育の質向上と切り離せない**のです。そのため、養成校との連携や特に実習のあり方には、大きな意識改革が必要となるかもしれません。養成校との連携や実習については、第4章「就職学生・実習生のためのリスペクト型マネジメント」で詳しく考えていきます。

図1　子どもの姿ベースの保育の質向上のサイクルが基盤

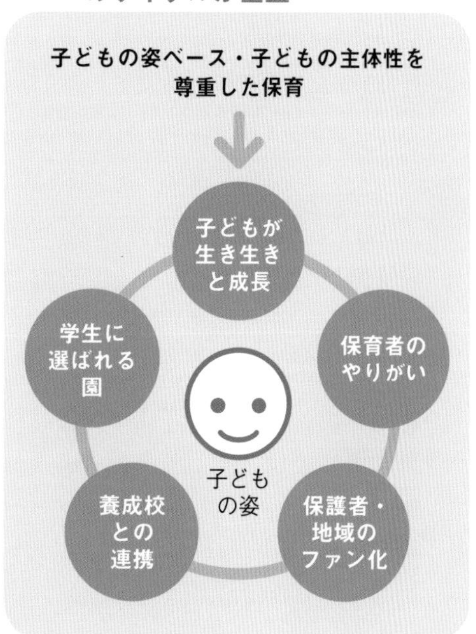

❷働き方改革などを通した魅力ある職場づくり

次に「働き方改革」が挙げられます。表1には、「働き方改革と業務効率化・業務改善を両輪として行い、保育士が生涯働ける魅力ある職場づくりや、やりがいに見合った職場づくりを推進する」とあります。特に、産休・育休後のキャリアパスの明確化や多様で柔軟な働き方ができるような工夫が挙げられます。また、**これからはICT活用や「労務管理」の視点も不可欠**になってきます。これについては、第5章の「リスペクト型マネジメントのための労務管理」で詳しく考えていきます。

また、ノンコンタクトタイムの確保と保育の質の向上が挙げられています。ノンコンタクトタイムに関しては、現在の保育制度に大きな課題があるものの、その中でいかに時間管理のマネジメントを行い、**保育を語り合う風土**を形成していくかが求められます。また、園内での研修の工夫や外部人材の活用についても大きなテーマとなっています。

❸就職希望者と園のマッチング

また、保育者不足が大きな課題となるなかで、就職希望者と保育所のマッチングが大きな課題となっています。まずは、保育職に就きたいという人が増えていくことが不可欠ですが、そのためには保育の魅力を伝えるための発信と同時に、希望者が園につながることができる窓口があることが重要です。ここでは、特に「保育士・保育所支援センター（保・保センター）が関係団体等と連携して、ネットワークを構築し、機能強化を図る」ことが提言されています。

表１　「保育の現場・職業の魅力向上検討会　報告書」概要

1．基本的な考え方

○**保育士の仕事は魅力であふれている。**
・子どもの育ちに関する高度な専門知識を備えた専門職・多くの子どもを見守りながら育み続けることができる仕事・子どもの成長の喜びを保護者と分かち合える等

○保育の質の中核を担う保育士の確保や専門性を向上させていくためには、主に、以下の方策の推進が必要。
①**保育士の職業の魅力を広く地域や社会に発信**するとともに、**養成段階の取組を充実**させること
②**保育士が生涯働ける魅力ある職場づくり**を推進するため、**働き方改革**と**業務効率化・業務改善**を進め、技能・経験・役割に応じた処遇としつつ、**多様で柔軟な働き方を可能**とする**職場環境を整備**していくこと
③**保育士資格を有する者と保育所とのマッチング**を図るため、**保育士・保育所支援センターは関係機関とネットワークを構築**すること

○本報告書を踏まえ、国や地方自治体、保育団体、養成校団体、保育所等の関係者が、取組を進めていくことが期待される。

2．具体的な方策

①保育士の職業の魅力発信・養成の充実	②生涯働ける魅力ある職場づくり	③保育士資格保有者と保育所のマッチング
保育士の職業の魅力や専門性を地域や保護者等に発信するとともに、養成段階の取組を充実させる。	働き方改革と業務効率化・業務改善を両輪として行い、保育士が生涯働ける魅力ある職場づくりや、やりがいに見合った職場づくりを推進する。	保育士・保育所支援センター（保・保センター）が関係団体等と連携して、ネットワークを構築し、機能強化を図る。
（具体的な取組） ○**保育所を「開く」、保育参加を呼びかける** ・保護者や地域の住民等に保育所を積極的に開く（職場体験・ボランティア等） ・保護者に保育参加を呼びかけ、保育現場の日常、子育ての楽しさ、奥深さを知ってもらう ○**関係機関の連携による保育の魅力発信** ・保育の魅力を発信する基盤の構築の検討 ・HPやSNS、漫画等を活用し、国、養成校、保育団体等が連携して、魅力を発信 ○**養成校における教育の充実と質の向上** ・養成校と保育所双方の実習担当者の共通研修等を実施 ・保育現場との協働により、教育の質の向上 ・卒業生の横のつながりの強化・保育士のコミュニティー作りのサポート	（具体的な取組） ○**保育所における働き方改革の推進** ・産休・育休後のキャリアパスの明確化や多様で柔軟な働き方を選択できる勤務環境の整備、技能・経験・役割に応じた処遇となるよう、労務管理の専門家による支援や働き方に関する研修会の開催等による支援 ・財源確保と併せて、引き続き処遇改善の検討 ○**ICT等による業務効率化と業務改善の推進** ・作成書類の在り方を踏まえたICT化、保育補助者等の活用のガイドラインの策定、研修による普及 ・ICT等の活用に係る研究の推進 ○**ノンコンタクトタイムの確保、保育の質の向上等** ・ノンコンタクトタイムを確保し、保育の振り返り等を行う ・オンライン研修の推進、公開保育等の推進 ・保育士が外部人材に相談しやすい環境整備 ・シニア人材の活用の推進	（具体的な取組） ○**保・保センターの機能強化** ・ハローワーク、養成校や保育団体とのネットワークの構築 ・学生等の資格取得支援や現役保育士の就業継続支援の実施 ・センターの好事例の収集、周知 ○**保・保センターへの登録の推進** ・センターの認知度向上 ・離職時の住所等の登録の努力義務化を含む、「潜在保育士」の把握方法の検討 ○**その他** ・保育士試験合格者に対する実習の推進 ・民間職業紹介事業者に対する規制や取組について、保育所関係者へ周知

＊厚生労働省「【概要】保育の現場・職業の魅力向上検討会　報告書」2020年9月30日公表より作成

2 ワクワクする チームづくりの ためのポイント

魅力ある職場づくりのためには、ワクワクするような「チームづくり」の視点が不可欠になります。そのためには、保育の質の向上が根幹となり、保育を振り返り、職場における**語り合う風土の形成**が不可欠です。そして、そこには「マネジメント」の視点が必要であり、なかでも**子どもを尊重して保育にあたるのと同様に、職員間でも互いを尊重し合うリスペクトの視点が重要**であると述べてきました。ここでは、魅力的な職場のチームづくりについて、さらに3つの視点から考えることで、「リスペクト型マネジメント」の理解を深めていきましょう。

① 対話を生み出す組織

これまで、一般にリーダーシップとは、中心となるリーダーによる統率的なかかわりと理解されてきました。しかし、かつてのピラミッド型の組織には限界があると考えられるようになったのです。そこで**キーワードとなるのが、「対話」**です。

どこの組織（園）でも様々な課題を抱えており、課題を乗り越えるために必要なのはチームによる継続的なイノベーション[*3]だと言われています。それを起こすためには、「対話のプロセス」と「継続的な調整のプロセス」が不可欠なのです。そう述べるのは、ケネス・J・ガーゲンとロネ・ヒエストゥッドです[*4]。彼らは、従来のリーダーシップ論ではなく、リーダーとメンバーとの間の対話的な関係性に組織をつくる鍵があると考え、それを「リレーショナル・リーディング」[*5]と概念化しています。彼らは、活気ある組織とは、「対話がスイスイと流れるように行われ、情報と意見が自由に交わされ、お互いに対して尊敬と感謝の気持ちを持っていて、満足のいく成果をあげている組織である」と述べています。これはまさに、本書が提案している、園における「リスペクト型マネジメント」と同じです。

しかし、実際の職場には様々な「コンフリクト」（衝突）が生じます。彼らは、古いタイプのリーダーはコンフリクトを除去すべき問題と捉えるが、リレーショナル・リーディングでは、コンフリクトが起こることは職場にとって健全で正常なことであり、だからそれを無視せず、**対話によって組織の活性度に貢献するように導くことが大切**だと述べています。解決のためには、権力の行使ではなく、コンフリクトが生じている両者が同意できる共通点を対話により見出していくことも1つのアプローチだと言うのです。

また、リーダーの主な任務は「創造のプロセスをファシリテートする（進行させる）こと」だとも述べています。つまり、園内でも「こうしてみよう」「ああしてみたい」といった対話が活性化していく役割のことです。そのための３つの視点として、①多様性を促進する、②信頼を生み出す、③熱意をかき立てる、を挙げています。①は、多様な声を尊重すること（＝多声性）だと言えるでしょう。多様な声にほかの人が好奇心をもつようになることで、相乗効果（シナジー）が活発になるの

＊3：既存の仕組み、組織などに新たな考え方を取り入れて新たな価値を生み出し、変革をもたらすこと
＊4：ケネス・J・ガーゲン、ロネ・ヒエストゥッド著、伊藤守監訳、二宮美樹訳『ダイアローグ・マネジメント　対話が生み出す強い組織』ディスカヴァー・トゥエンティワン、2015
＊5：リーダーシップを個人の属性としてではなく、リーダーとメンバー間の関係性として捉え直すリーダーシップ論

です。②は、クリエイティビティを重んじ、新しい、あるいは少し過激なアイデアに対しても、出された提案は「可能性を秘めたものとして」扱います。そこに自由に発言できる信頼を生み出すのです。また③では、リーダーがだれかの言った意見に対して、「鑑賞的」に、価値を認める反応をすることで、それがチーム内で良さを共有することになり、熱意がかき立てられると言うのです。

園の職場のワクワクする強いチームづくりにおいても、このリレーショナル・リーディングの視点、つまり対話を重視したマネジメントが活かされるのではないかと思います。これは、**職場内だけの対話だけではなく、外部の多様な場とのつながりや協働（コラボレーション）においても同様**であることは言うまでもありません。本書では、特に第２章の「新設園でのどたばたチームづくり」にこれらの視点がたくさん埋め込まれています。

② 職員みんながマネジメント意識
―分散型・協働的リーダーシップ、メンター制度、１on１ミーティング

１人のリーダーがトップにいるピラミッド型ではなく、対話による組織づくりが大切だと述べてきました。それはつまり、リーダーシップは必ずしも園長や主任等だけがもつものではなく、多様な職員が分散してもつことが重要になるということです。これが、第１巻でも述べた「分散型・協働的リーダーシップモデル」です（図2）。園長や主任などがリーダーシップをすべて背負うのではなく、職員全体の中で協働体制をつくるのです。職員全体で分散

図２　分散型・協働的リーダーシップモデル

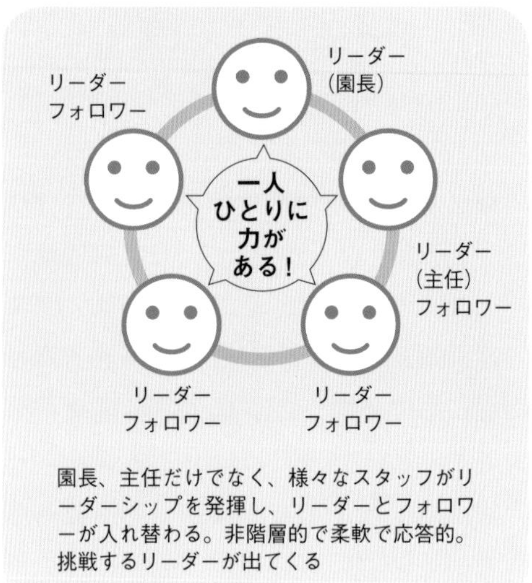

参考：野澤祥子「保育の質とその確保・向上のために」、保育所等における保育の質の確保・向上に関する検討会（第1回）資料2-3、2018
淀川裕美・野澤祥子・秋田喜代美「認定こども園におけるリーダーシップと園の取り組みに関する分析１―園長のリーダーシップに焦点を当てて―」日本乳幼児教育学会第26回大会、2016

することで、一人ひとりの職員の「自分の園」としての当事者性も高まっていくのです。そのためには、職員一人ひとりの個性が活かされる組織にしていくことも大切な視点となります。

そして、協働的に対話を行いながら、「こうしてみよう」「ああしてみてはどう？」と「語り合う保育」につながるクリエイティブなチームをつくり出すのです。つまり、語り合い、協働し、保育を高め合う組織となるのです。もう少し言ってしまうと、同僚と共にワクワクと意欲的に保育をより良くしていこうとするマネジメントの視点は、若手保育者にだって必要なのかもしれません。**マネジメント感覚はすべての職員に求められる**のです。

職員一人ひとりが活かされるための仕組みとしては、「メンター制度」などがあります。メンター制度とは、簡単に言え

ば職場内で先輩職員（メンター）が新人などの後輩職員（メンティー）を支援する仕組みのことです。第３章の「園長も、先輩も　みんなで見守る！　新人保育者育成」では、新人保育者を支援する仕組みが紹介されています。メンター制度として制度化するかどうかは、園によってその有効性は一律ではないと思いますが、経験の浅い職員には共通の課題もあるため、経験の浅い職員を支えるための体制があることは、とても有効だと考えられます。新人保育者のリアリティショック＊6の研究では、子どもとのかかわりへの葛藤、保護者とのかかわりへの葛藤、同僚への葛藤、職場への不満による葛藤など多岐にわたって示されています。そうした**葛藤への早期の対応が不可欠**なのです。

それは、経験の浅い職員だけではなく、実習生に対しても同様かもしれません。実習生が保育にやりがいを感じ、就職したいと考えるかどうかにおいて、実習の役割が重要であることがわかっています。ここにも、リスペクト型マネジメントの意識が求められます。

最近では企業などでも「1on1ミーティング」の有効性が言われています。1on1ミーティングとは、上司と部下の１対１の対話の時間です。月に１回30分程度、これまでの「面談」とは異なる「部下のための時間」であり、単に時間を取ればよいという形骸化したものであれば、逆効果となるでしょう。自分の悩みに本当に親身になって聴いてもらえる場であるかどうかが問われます。部下の心の声に「聴き入る」時間とも言えるでしょう。

離職の理由のトップに「人間関係」が挙げられていました。しかも、だれにも相談できずに離職するケースも少なくないと言われます。この1on1ミーティングが上司と部下の信頼関係につながるとすれば、チームづくりに大きく貢献するでしょう。

しかし、何度もふれてきたように、これらの方法を形式だけ導入しても効果は得られないでしょう。だから、小手先で部分的に行うのではなく、**保育の質向上のための「語り合う保育」を生み出す魅力的な組織づくりのためのマネジメントなのだという本質的な理解が重要**なのです。

③ 働き方改革
―ノンコンタクトタイム、タイムマネジメント

最後の大きなテーマが、「働き方改革」です。赤川ら（2019）の保育士の職場ストレスの研究では、保育士のバーンアウ

図３　保育士のバーンアウトをもたらす職場でのストレス要因の考察

①休憩時間の取得時間が短い保育士ほど疲れている。勤務中の休憩時間は少なくとも30分以上の取得が必要である。

②自宅への持ち帰り仕事については、週４日まではストレスを溜め込みながらもバーンアウトへの有意な影響は見られず、週５日になるとバーンアウトに直接影響がある。

③持ち帰る仕事の内容が、本来職場で完遂する内容の場合はストレスと感じているが、保育士自身のスキルアップにつながる自主研究であればストレスと感じず、やりがいや満足感を感じている。

参考：赤川陽子、木村直子「保育士の職場ストレスに関する研究―休憩時間・持ち帰り仕事からの検討―」保育学研究、第57巻第1号、2019

＊6：新たに職に就いた者が、理想と現実との間にギャップを感じ、衝撃を受けること

トをもたらす職場でのストレス要因を明らかにしています。ここにその要点をまとめます（前ページの図３）。

この研究からわかるように、休憩時間が取れないことは保育者の疲弊につながっており、それは保育の質や離職原因ともつながる可能性があると思われます。研究結果としては少なくとも休憩時間が「30分以上」とありますが、労働基準法では８時間を超える場合は１時間の休憩時間が労働者の権利として保障されていることは言うまでもありません。ここから園の問題以前に制度上の課題が垣間見えます。しかしながら、園の対応として現状で良いとは言えません。簡単ではありませんが、**休憩時間やノンコンタクトタイムを確保する工夫が、今後、労務管理の視点からも重要**になってくるでしょう。

また、自宅への持ち帰り仕事は週５日になるとバーンアウトに直接影響があるとの結果ですが、持ち帰り仕事があることはストレスになることは言うまでもありません。たとえ園からの指示ではなかったとしても、できる限りなくすことが必要です。残業をなくしたとしても、持ち帰り仕事が増えるのでは、むしろストレスが高くなることでしょう。

また、別の研究で、保育の自己評価が高い保育者は、ワークライフバランスの満足度も高く、子どもへの「積極的なかかわり」を保育に取り入れている傾向があり、保育者のワークライフバランスは保育の質を保障する一助になる可能性があることを明らかにしたものがあります（佐藤ら、2014）。

これらの研究からわかることは、**「働き方」の問題が、保育者の疲弊感（あるいは離職）や保育の質に影響を与える可能性がある**ということです。そのため、働き方改革は重要なテーマとなります。

解決のためには、「タイムマネジメント」の視点をもつことが必要です。それは限られた時間で生産性を向上させるための行動をマネジメントする手法と言われています。特に、優先順位の高い業務に計画的に時間を割くことでもあります。第１巻の事例でも取り上げたように、「この仕事は保育者が専門職として行う仕事なのか」など業務内容の見直しを行うことや、アウトソーシング、ICT活用などを通して新たな時間創出の可能性を見出すことが求められます。

それは、保育の質を高めるための振り返りや語り合いを行うためのノンコンタクトタイムの時間の創出にもつながるのです。保育がワクワクする魅力あるチームづくりのためにも不可欠な視点と言えるでしょう。詳しくは、第５章の「リスペクト型マネジメントのための労務管理」をお読みください。

参考文献

- 赤川陽子、木村直子「保育士の職場ストレスに関する研究―休憩時間・持ち帰り仕事からの検討―」保育学研究、第57巻第1号、2019
- ケネス・J・ガーゲン、ロネ・ヒエストゥッド著、伊藤守監訳、二宮美樹訳『ダイアローグ・マネジメント　対話が生み出す強い組織』ディスカヴァー・トゥエンティワン、2015
- 佐藤和順、熊野道子、柏まり、田中亨胤「保育者のワーク・ライフ・バランスが保育の評価に与える影響」保育学研究、第52巻第2号、2014
- 世古詞一『シリコンバレー式　最強の育て方　人材マネジメントの新しい常識　1on1ミーティング』かんき出版、 2017
- 松浦美晴、上地玲子、岡本響子、皆川順、岩永誠「新人保育士のリアリティショックを引き起こす予想と現実のギャップ抽出ーカテゴリーと分類軸ー」保育学研究、第57巻第1号、2019

第2章

リスペクト型マネジメントの12か月

新設園での どたばた チームづくり

第２章では、新設園の新任園長による、チームづくりの12か月を追っていきます。新しい環境で初顔合わせの職員たち。右も左もわからないどたばたの時期です。時に迷いながら「うちの園らしさ」を探り続けた１年目の取り組みは、新設園でなくても参考になるはずです。「語り合う保育」に向けて「人が自ら育つための土壌づくり」をスタートした、青山誠園長のマネジメントの創意工夫をのぞいてみましょう。

執筆・協力　社会福祉法人東香会 上町しぜんの国保育園（東京都世田谷区）
コメント　大豆生田啓友

園の概要：社会福祉法人東香会の３園目の保育園として東京都世田谷区に2019年開園。サブネーム「small pond」は小さな泉のことで、「様々な人・もの・ことが、子どもという存在を中心にして湧き上がる」ことをイメージしたもの。子どもの心に寄り添う保育のために、子どもの声に耳を澄ませています。園児数は０・１・２歳児45名。３・４・５歳児60名。

年度始めに大切にしたい3つのポイント

新規園開設に向けて初めてメンバーが集まりました。まだ園舎の中にも入っていません。当然、子どもたちにも会っていません。このタイミングでやっておきたいことは何か。コミュニケーション、それぞれの人柄の把握、大きな方針を伝えること……。時間をうまく使うことにも気を配りつつ取り組みました。

顔合わせの日……

4月からスタートする保育園で、今日は職員の顔合わせ。

おや、なんだか場の雰囲気が……

青山園長

そわそわ

そわそわ

❶

話すきっかけとして、「共通項」のある人集まれ〜

長男長女、集まれ〜

8月生まれの人！

はーい

❷

次はクラス担当に分かれて、保育室の環境構成、やってみよう！

模造紙と油性ペン、はいどうぞ！

わきあいあい

ありがとうございます

❸

おお、それぞれに個性が見えてきたね

このチームは、A先生、まとめ言ってみる？

おー！

❹

いい感じに場がほぐれてきたな

じゃ、僕から、2つだけ大切なお願いね

群れないでね。
そして自分という「個」を大事にして保育と子どもに向き合っていこう。
もう1つは、陰口は言わないこと。
以上！

はい！

はい！

はい！

❺

チームづくりの
ポイント

1 初顔合わせでのコミュニケーション

初めて正規職員全員での顔合わせの日。そわそわした雰囲気のなか、いきなり保育の話になると場が固くなりそう。「なんでもいいから話すきっかけが欲しい」ということでアイスブレイクをすることに。示されたテーマでそれぞれ共通する人たちを見つけて素早く分かれるというゲームをしてみます。「血液型で」「誕生月で」「出身地で」「きょうだい関係で」、ゲームの最中のちょっとした表情や発する言葉からそれぞれの人柄が垣間見えます。こんなことやったって「だからなんなんだ……」というのは百も承知なのです。でもこのとってつけたような「和気あいあい」感、自分たちの初々しさがうれしくもあり……。ああ、新設園なんだなと改めて実感しました。

2 実質的なコミュニケーション：保育環境をつくってみる

その後は3、4人ずつクラス担当に分かれて、保育環境を考えてみます。とはいえ、あくまでゲーム感覚で気軽に取り組んでもらいます。

模造紙に部屋の形を描いて、棚、テーブル、畳などの小道具をチームで話しながら配置していきます（小道具は紙で作っておきました）。初対面同士でも、意見を出し合い、決めていくという複雑なことが要求されます。先ほどのアイスブレイクとは異なり、保育の話になるとまた違った表情が出てきます。アイデア豊富に意見を言う人、聞くのが上手な人、緊張しちゃう人……。

保育者それぞれの個性に加え、チームとしてのバランスや実力も垣間見えて、園長としてはその後のマネジメントに活かせるヒントをもらえました。

3 大事なことを簡潔に

はじめの一歩って大切。保育者それぞれの個性を活かしてはいきたい。ただ右か左か大きな方向性がないとみんなが迷走し、保育の議論ではなく「あの人は好きだけれど、あの人は……」みたいな人間関係の話に陥ってしまいそう。

最初の顔合わせで僕からはこんなことを伝えました。

「2つだけお願い。群れないで。それぞれ自分という「個」を大切にして保育と子どもに向き合ってほしい。もう1つ、陰口を言わない。言いたけりゃ直接言うか、言えなけりゃ言えない自分を抱えろ」

単なる仲良し集団にはなりたくない。一人ひとりが自分の保育に責任をもってこその対話。馴れ合いでは議論もできません。大事なことはシンプルに、その後のチームづくりの軸となることを言葉にして伝えました。

新設園で一緒に働く仲間たちは、園長を筆頭に個性の集まりでした。園長の示す大きな方向性があったので、その中で個々のアイデアを持ち寄りおもしろがっていくことができました。それが子どもにとって幸せならばオッケー。ですが、そこから試行錯誤の保育の始まりでした。（主任）

リスペクト型マネジメントの視点

ここで示された3つのポイントは、新設園ではなくても、4月のスタート時に必要なポイントです。環境づくりのワークなどとてもいいですね。ただし、新設園ではない場合は、前からいる先輩の職員が新人などの新しい職員の気持ちに配慮してかかわることが大切になります。前からいる職員が群れていたのでは、新人が疎外感を感じますよね。意識的に新人に声をかけていくような配慮を共通理解しておくとよいと思います。

新設園の初年度、新卒者を支える工夫

今回は新卒者研修。とは言うものの、園自体もスタートしたばかりでバックヤードはどたばた。職員集団もまだこれからという段階です。正直なところ新人に段階を踏んで教えてあげるなんて余裕はどこにもなし！　とりあえず、某アイドルグループにちなんで、新卒者５人を「神５（かみファイブ）」と名付けてみました……。

目が回るようなどたばたな日々！
新人のことは気になるけれど、
正直、自分だって余裕なし
ごめーん

まって まってー
しかし…
さすがに
フォローしないと
ちょ…まって
キャッ キャッ

拠り所になる場づくり

新人→たち
今感じていること、
なんでも書いてみてね

つかれた
毎日たいへん……
たいへん…
くたびれました
つかれた

それもそうだよね、
社会人になった
ばかりだしね……

一緒につくり上げる

呼び名にメッセージを込める

第1回 神5（ファイブ） 研修

さあ、きみたちは「神5」だ！
園の未来を担うのは
きみたちだよ！
みんなで一緒に考えて、
園をつくり上げていこう！
期待を込めて
こう呼ぼう
神5
イエーイ
私たち？
神!?
よーし
いちからつくって
いくのって、
なんか楽しそう

チームづくりのポイント

1 いきなり緊急事態！ 日々の流れのなかで「拠り所」になる新卒者研修

新設園での5月。本当は「人材育成の諸段階」を作り、現時点で取り組むべきこと、その先の見通し、整理して教えてあげられたらかっこよさそう。が、そんな余裕まるでなし！　こっちにだって先の見通しなんて1週間後すらないのです。新設園の立ち上げって、幕が開いた途端いきなり緊急事態という感じ。そのなかで新卒者も、そのどたばたに巻き込まれていくほかないのです。

ただし、単に日々に流されているだけでなく、時に立ち止まって、今感じていることをありのままに出せる機会も必要。そこで新卒者だけで集まってミーティングを開き、なんでもいいから今感じていることを各自付箋に書き出してみました。

印象的だったのは「疲れた」という付箋がちらほらあったこと。そう、保育以前に、社会人になって週5日働くということに気持ちと体がついていかないのです。まずはその気持ちに寄り添いつつ、本音を出せる拠り所となる場（機会）を定期的に設けてコミュニケーションを取ることにしました。

2 一緒につくり上げるというスタンスで現場につなげる

新人ミーティングでは寄り添うだけでなく、「これから」の見通しとしてこれからの姿勢を伝えます。新設園はこれからみんなでつくり上げていく場。まだ定まっていないがゆえに、だれに聞いてもわからないこともあります。「この園ってなんにも決まってない！」と怒るんじゃなくて、「じゃあどうしたらいいか一緒に考える」というスタンスが大事だよと伝えました。

3 メッセージを呼び名に込める

新卒者、新人、若手、1年目……呼び名はいろいろ。呼び名が変わればニュアンスも変わります。また40名を超える職員の集まりでは良くも悪くもある程度「組織の構造」もできてきます。そのなかで今自分がどのような立ち位置なのかがはっきりしていることも大事。単に新卒者とか1年目と呼ぶのはおもしろくないので、某アイドルグループにちなんで「神5」と（一方的に）名付けてみる。あなたたちはプレミアムな存在だよ、ゆくゆくは園を背負って立っておくれ、あなたたちと共に園も「はじめの一歩」を踏みだすんだよ、というメッセージを込めた（つもり）。

新設園で、社会人も保育者も1年目。右も左もわからないとはまさにこのことで、たくさん悩みながらの毎日でした。そんな日々のなかで、「神5」として集まったり、たくさん話をしたりして、一緒に考えていくなかで、私たちもちゃんとこの園の一員だという安心感をもちました。（保育者）

リスペクト型マネジメントの視点

養成校の教員からすると、送り出した学生（つまり新人保育者）の愚痴が聞かれるのもこの時期です。「つらい」「辞めたい」「こんなはずじゃなかった」など。しかも、どの園に就職したかでその差もとても大きいものです。園内にどれだけ新人を支える体制があるかでその違いが起こります。新人が多い場合、こうやって「神5」と命名して、新人同士のピアカウンセリング的な体制をつくるのもいいですね。新人は孤立がいちばんつらいのですから。

すれ違いがちな時期、リーダー層の役割は？

保育が始まり２か月あまり。そろそろいろいろなところから聞こえてくる不協和音。思いがあるからこそすれ違いも生まれるのですが、それをあからさまに言い合える関係にはまだなってもいない……。ただこのまま放っておくとだれが好きとか嫌いとかの人間関係のレベルに陥っちゃいそう。さて、どうしよう。

ある日の午睡の時間

今日は寝てくれないなあ
あ!? あっちも、こっちも！
早く寝かしつけなくちゃ
おひるね するよー
キャッ キャッ

え?
すぐにチェックシートに
書き込まなくちゃ！
えーと…

あんなにあたふたしちゃって、
どうしてだろう？
寝かしつけを先に
やってくれたらいいのに……
なんで午睡チェック
してくれないんだろう？
いつも私がやらなきゃ
いけないの？
イラッ
イラッ

バチ バチ
ハーイ
ハーイ
ちょっと
話し合ってみようか

園長や主任が場を設ける

それぞれ
どういう思いだったか、
付箋に書いてみようよ
じゃーん
ばんのう ふせん～
ふせん

だれも評価せず、違いを認める

なんだ、
そうだったんですね～
イイネ！
いろいろな見方があるね
違っていることは
むしろいいことだよ！
保育は1人でするのでは
ないからね～
そういう見方も
あるんですね
納得！

チームづくりのポイント

1 モヤモヤはどこから？ 保育の一場面の話がいつの間にか人間関係の話に

保育をしていると一緒に組んでいる人同士、相手に対してモヤモヤとした思いをもつこともあります。きっかけは具体的な保育の一場面の中での、具体的な言動。その奥にあるそれぞれの思いの違い。

お互いのモヤモヤは早めに解きほぐしておかないと、あっという間に人間関係のレベルに陥り、「あの人は～だから嫌」「あの人はいつも～だから」となってしまう。当事者同士だとなかなか言い出せないので、園長や主任が場を設けて起こっていることを具体的に解きほぐしていく必要があります。

2 だれの声も評価しない、「違いはむしろいい」と伝える

場を設ける時に、だれの声も評価しないということが大切なように思います。だれの意見がいいとか悪いとかではなく、保育をやっているとどうしても思いのすれ違いは生まれるもの。それぞれの思いや、見え方の違いは、必ずしも1つにしなくていいこと。だからこそ複数の視点でも子どもを見ることができることも伝えます。だから「どんな細かなことでもいいからまず出し合ってみよう」とその場のスタンスをまず明確に伝えます。ここでも当事者同士が向かい合って伝えるのは難しいので、付箋に書き出します。それを一つひとつ取り上げながら、同じ場面でも見え方、感じ方が違ってくることを出し合います。

3 人間関係の話から再び保育の話へ

お互い出し合ってみれば、なんてことのないすれ違いだったということも多くあります。例えば午睡時の寝かしつけや、午睡チェックの記入のタイミング、やり方。それぞれの言動の奥に、それぞれの思いがあることさえわかれば、それほど頑ななわだかまりにはならずに済みます。だれも攻撃されたり、評価されたりしない場だということが職員に浸透していって、見え方や思いの違いをその都度出し合うことに慣れていければいいなと思っています。保育は1人でするのではなく、みんなで委ね合いながらやっていくために。

ユニット会議（異年齢クラスの会議）で午睡中にやっておきたいことについて、意見を出し合いリスト化し、いつでも見えるようにしてみました。「ドキュメンテーション 終わった？」など、日常的にリストを見ながら声をかけ合い仕事の全体像をみんなで共有できたのは良かったです。（保育者）

リスペクト型マネジメントの視点

保育者の人間関係の悪化は、こうしたすれ違いからくるのかもしれません。そうであれば、園長・主任・中堅リーダー層の重要な役割は、早期にこうしたそれぞれの思いの共有の機会を設けることです。しかもとても大切なのは、どちらが正しいかのジャッジをするのではなく、互いの思いの違いを尊重する場をつくること。早期のこうした対応が、職員間の風通しの良い関係をつくり、保育を気軽に語り合える風土をつくっていくのですね。

7月 リーダーは完璧でなければならないの？

クラスリーダー５人。そこに園長と主任を加えて我が園ではリーダー層としています。保育経験が豊富な人もいればそれほど長くない人も。個性も持ち味もバラバラ。リーダーって何？　どう振る舞えばいいの？　考えれば考えるほどにわからない……。

7月。理想のリーダーを目指して張り切るリーダーたち

クラスリーダーなんだから、みんなをまとめないとね！

よ～し、どんどんコミュニケーションを取るよ～

①

理想のリーダーってこんな感じ……？

なんか……ちょっとらしくないですよね～

ムリしてる…

いつも的確な指示を出す

よく話を聴いてあげる

あれやってくれる？

うんうんうん

職員育てが上手

②

理想のリーダーに近づいてきたかな？　でもちょっとしんどいかも……

本当はあまりしゃべるのうまくないんだよね　なんか疲れちゃったかな

ふぅ～

もしかして、私って、リーダーに向いてない???

③

俺もむりむり　そもそも保育者と同じで、完璧なリーダーなんていないんじゃないの？

ムリよー

えーっ!?

ええ？　言ってもいいの、それ？

④

リーダーシップにもいろいろなタイプがある

リーダーシップにもいろいろタイプがあるらしいよ　みんなどのタイプか話してみようよ

ビジョン型
コーチ型
ペースセッター型
関係重視型
民主型……

⑤

園全体でバランスが取れていればOK

私は、民主型かな

私は、関係重視型

それぞれが持ち味を活かすしかないんじゃない？　いろんなタイプがいるほうがチームとしてはちょうどいい！

園長はビジョン型だよね　1人だけだけど、まあ、アクが強いから……いっか

～♪

⑥

チームづくりのポイント

1 理想のリーダーって？ でもそうはなれない本音を出してみる

リーダーたちの本音を聞いてみたくて、個別に話してみると「自分にはリーダーなんて向いていないんじゃないか」と。じゃあリーダーってどういうイメージをもっているかを聞いてみると、「一方的にならずに話をよく聴いてあげて」「的確な指示が出せて」「職員を育てることができて」といろいろ挙がる。でもそれができないし、できるようになるとも思えない……（園長も全然できてない……）。役職名がつくとそれに自分が見合っているのかと思い悩む。普段は気を張っているからこそ、なかなか見えにくいリーダーたちの本音が見えてきました。

2 自分はどんなタイプのリーダー？ ほかの人はどんなタイプ？

「でも保育者だってオールマイティーな保育者なんていないわけだし、リーダーだって完璧じゃなくてもいいわけだしさ……」と自分（園長職に就いている自分）を慰める意味でもリーダーたちに語ってみます……。ちょうど研修で「リーダーシップにも多様なタイプがある」と聞いたので、リーダー層でそれぞれ自分はどのタイプか、ほかのリーダー（園長、主任含めて）はどのタイプかを出し合ってみます。リーダーシップの類型は「ビジョン型」「コーチ型」「ペースセッター型」「関係重視型」「民主型」等*。どの型が良くて、どの型がダメというのはないらしい。気軽に当てはめて語ってみます。さて自分はどれだろう。あの人は？

＊心理学者のダニエル・ゴールマンが提唱したリーダーシップのスタイル。

3 園全体でバランスが取れていれば…… まあいっか!?

それぞれのタイプを出し合ってみると、おおよそメンバーに対する「あの人は〜型」というのは一致していました。自分たちの園は「民主型」「関係重視型」が多いことが判明。園長１人がビジョン型。「１人だけど園長がかなり強烈なビジョン型だから、このくらい民主型と関係重視型の私たちがいてちょうどいいかも」とリーダーたち。リーダーたちも１つのチームとして見れば、園全体でバランスが取れていれば、まあいっか!?　保育は１人ではできない。リーダーだってそう。自分にできないことを頑張るより、自分や周りの人のことを知ってそれぞれの出番をつくっていくほうが近道かもと思いました。

「よし！　リーダーだ！」と意気込んでみるものの、理想のリーダー像は絵に描いた餅。「だめだこりゃ〜」とどうしたらいいのかわからず、考えれば考えるほど雲をつかむようでした。「自分にできることは？」と捉え直すことでやっとリーダーのスタートラインに立てたような気がします。（副主任）

リスペクト型マネジメントの視点

「リーダーだって完璧じゃないし、いろいろなタイプがいてもいいよね」という今回の問題提起、とてもいいですね。リーダーもまた自分の得意なアプローチを活かすって、大切なことです。だから、中堅層を含めた「リーダー層」という考え方が必要になります。そのリーダー層がそれぞれの個性を活かし合いながら、進めていくことです。ただし、そのためにはリーダー層もまた、互いを尊重し合い、連携することが不可欠なのだと思います。

解決策が見つからない時には「原則・判断・技術」の軸

８月にもなると、想定外のことを含めていろいろなことがごちゃごちゃ巻き起こってきます。会議構成も整ってはいるものの、毎回「これどうする？　あれどうする？」と園長含めて右往左往。みんなで迷子状態に……。

8月にもなると……
職員会議でも……
どんより…
Aくんのお母さんから
こんなことを言われて
しまいました……
❶

想定外の出来事に
コラ!!
散歩先の公園で
水遊びしてたら、
急にお隣の家の方に
怒られちゃって……
ごめんなさーいっ
あやまって
逃げるように
帰ってきてしまった…
❷

保育環境についても
保育室がいつも
片付かない
なんで???
イライラ
❸

ぐったり…
…
❹
話せば話すほどに
みんなで迷子状態……
もう、どうすりゃいいの？
あ！
ひらめいた！

この前、対談でいい話を
聞いてきたんだった！
「原則・判断・技術」の軸！
なんだかわからないけど、
良さそう！
❺

まずは「原則」の確認
うちの園の保育目標は
「子どもの心に寄り添う」
これを軸に保護者の意見に
どう対応するか考えてみようよ
あのね
❻

「判断」を振り返る
もしかして洗濯物に
水がかかっちゃったのかも
次からちゃんと
理由を聞いてみよう！
キャーッ
❼

足りない「技術」を確認
室内環境の参考書、
買ってもいいですか？
室内環境
みんなでまた、「原則」も
ちょくちょくアップデート
していこうね〜

チームづくりのポイント

1 話せば話すほど、みんなで「迷子」に

「保護者からこんな声が上がってます！」「散歩先でこんなことになっちゃって〜」「保育室がぐちゃぐちゃ。みんなで保育環境を考えたら？」。会議構成もなんとか整い、いろんな話題があちこちで取り上げられるようになりました。話せる環境が整ったのはいいのだけれど、一つひとつに対処すればするほど、自分たちが出来事に埋もれて迷子になっていく。話せば話すほどいいと思ってたのに、心の体力が奪われていく実感……。もう、どうすりゃいいの。

2 外部の方の言葉をヒントに

そんな折、園長の青山が『保育ナビ』の企画でサッカー元日本代表の岩政大樹さんとお話をする機会があり、チーム内で対話する時には「原則・判断・技術の軸で対話していくことが大事」と教えていただきました。

「原則がまずあって、その原則に照らし合わせた判断があり、最後にその判断を遂行する技術がくる。だからまずは原則をみんなで確認する。そのうえで個々の判断が原則に照らし合わせてどうだったかを対話する。判断がお互いにずれていたのか、判断は一致していたけど成し遂げる技術がなかったのか。単なる結果論に陥らずにどのレベルで見直していけばいいのか対話ができる」と。

おー！　これはわかりやすい！　さっそくうちの園でもこれに沿って考えてみよう。

3 さて、うちの園では？ 軸に沿って話す

まずは「原則」の確認。園の保育目標は「子どもの心に寄り添う」。そこから考えると、保護者からの声は、「原則」から見て考えるべきことなのかも。

散歩で巻き起こったことは、その時の状況を含めてどんな「判断」だったかをまず振り返ってみよう。

保育環境を整える「技術」がまだないなら、まずはいろんな本から知識を得て、できるかどうかやってみよう。

「原則・判断・技術」の軸に沿って話すことで、自分たちの思考の整理がついていきました。これは一度やればいいというわけではなくて、たびたび確認し合うほうがいいのかも。最後に、保育をしながらみんなで「原則」をアップデートしていこうね、と確認して終わりました。

会議を重ねるけれど、保育に反映されていないことを感じていました。その際、他分野の方の意見を保育にもってきてみるという視点が驚きでした。この時期にファシリテーションについての本をいくつも読み、「会議」について学びを深めたことも、強く印象に残っています。（保育者）

リスペクト型マネジメントの視点

「話し合いが大事」と言っても、確かに話せば話すほど「迷子になる」ことってどこでもよくあるかもしれません。今回も、“あるある”な問題提起。だから、少し交通整理をしてくれる役割の人が大事になるんですよね。青山園長が取り入れた「原則・判断・技術」っていいですね。特に「原則」と「判断」が大事だと思いました。園によっては、みんなから出た話のポイントを付箋で仲間分けして、論点を整理するやり方もありますね。

みんなの「これしてみたい」が発言できる風土づくり

開園から半年が過ぎたところで１日職員研修の日を設けました。保育の話もしたいけれど、「食の話もみんなで話したい！」とキッチンスタッフから声が上がり、話し合うことになりました。

新園スタートから半年経った9月某日

今月の園内研修はじっくり時間をかけてやってみよう

青山先生

ハイハイ!!

あ、それなら園の食について話し合ってみたい！

キッチンスタッフ

え、どんなこと？食具のこととか？

そんなことはどうでもいいんです！

もっと大きなこと！この園の食ってなんぞやというお題です！

なるほど～、了解！

研修当日

じゃあ、「○○の食」の○○に、こうなったら幸せ！っていうキーワードを入れてみようよ

あれや

これや

普段とは違うメンバーでね

あっという間に30分経過……

じゃ、グループごとにキーワード発表～

幸せな食 テラスで食べるのがいいよね……

本能的な食 庭で火を焚きたいな

循環を旅する食 ヤギ飼いたい～ それと、何か捕まえて食べたい～

イヒヒ♪

磯野家の食！やっぱりちゃぶ台でしょう！

ええっ ヤギ飼うの!? 何か捕まえて食べるって、何を!?

チームづくりのポイント

1 キッチンスタッフも保育にかかわるチームの一員

「園の食について職員研修で話し合いたい！」とキッチンスタッフから声が上がりました。「何？食具のこととか？」と聞くと、「そんなことはどうでもいいから、もっと大きなこと、この園の食ってどういう方向でいくのか、みんな何を思っているのかってこと！」と切り返されました。日頃から「保育」と「食」との連携が大事だよね、と話してはいるものの、給食会議で話すのは日々のあれこれ、なかなか大きな方向性については話せない。キッチンスタッフが声を上げてくれたことで、改めてみんなでこの園の食とは何か、を話し合えることになりました。

2 大きな方向性をいつもと違う顔ぶれで話してみよう

「この園の食とは？」と聞かれても、みんな「うーん」と唸ってしまいました。そこで「○○な食」の○○のところに、自分たちがイメージするもの、こうであったら幸せだなあというワードを入れてみようよ、と投げかけました。話すメンバーもいつものクラスとか、学年担当ではなく、ごちゃまぜにして３～４人が１組で。いつも保育について話しているメンバーだと、どうしても保育に落とし込んだ時に可能かどうかの枠に話が制限されてしまいます。おしゃべりする気軽さで、「こうだったら幸せ！」を出し合ってみることに。

3 いろいろなキーワードを自由に出し合う

３～４人ずつのおしゃべりが始まると、あっという間にあっちからもこっちからもワイワイガヤガヤした声が。さてどんなキーワードが出てきたかというと……。

「幸せな食（そのまんま）」：テラスで食べるのがおいしい。キッチンをもっと見に行きたい。大皿にも挑戦したい。野菜を育てたい。おばあちゃんちの食卓みたいな感じ。

「磯野家の食」：遊ぶ時はバラバラで食べる時は一緒に。ちゃぶ台を囲んで「おいしいねー」と言い合うのが好き。

「本能的な食」：庭で火で調理。素材そのものの味。下処理コーナーをつくって子どもが気軽に調理にかかわれる環境づくり。

「循環を旅する食」：コンポスト。ヤギを飼う。手で食べる。何かを捕まえて食べる。

話し合ったメンバーごとにいろいろな「幸せ感」が出揃いました。みんなで出し合ってから気付いたのは、幸せってバラバラでもちっとも衝突しないということでした。

園の中で栄養士は少人数であることから、保育の話では発言することを遠慮してしまうことがありますが、“幸せ感”については職種も経歴も関係ありませんでした。この場で出たアイデアは今でも食の活動を考える時のベースとなっています。（栄養士）

リスペクト型マネジメントの視点

新人や若手のためというよりもすべての職員にとって、園内に「これしてみたい！」が話せる風土があることってとても大切だと思います。しかも、単なるガス抜きではなく、そのことのいくつかが実現につながることが不可欠です。しかも、みんなの「これしたい！」という思いが具体的な言葉として出てくるような投げかけ方の工夫が大事であることも、この事例からよくわかります。話し合いの進行役の腕の見せ所ですね。

一人ひとりの思いを聞くことに徹する

これまでは新人、リーダーといった階層や、食についてなどのテーマに区切ってグループで語り合ってきましたが、そろそろ職員個別の思いも聞いてみたい。でも園長面談と言ってしまうとただでさえ緊張するのに、なおさら口を重たくしてしまいそう。さて、どうしたものか。

10月の休日、新宿にて

そろそろみんなの思いを
聞いてみたいけど、
「園長面談」って
なんか重たいな～

占

❶

わあ、大盛況！
知らない人のほうが
気負わず話せるのかな……？

そうだ!!

占い

占

❷

翌日：個人面談

さ、お入りなさい

え？

上町の父

❸

あなたの保育を
見てあげるよ

ふろしき

あはは

めだかの入った鉢

❹

板積み木が10本、
これであなたの気持ちを
聞かせてくださいな
さ、遠慮せずに……

つらい

楽しい

❺

「楽しい」に６本動かしましたね、
その気持ちは？

そうですね～、
子どもといると楽しくて
充実しているかなと

❻

事務時間も
欲しい！

いつもの関係をちょっとずらすと
聞こえてくる声って、
たくさんあるんだね

子育てと
両立できて感謝

1日1回、
わはは！と
笑える

もっと同僚
と話したい

❼

チームづくりのポイント

1 ヒントはいろいろなところにある

新宿を歩いていると易者の方たちが道々に座っていて、たくさんの人が占ってもらっていました。人はなぜ占ってもらうのか。未来を知りたいというのもあるけれど、自分のことを全く知らない人に打ち明けるとともに、自分の中でぼんやりしているものをくっきりさせてもらいたいということもあるのかな。この方法、園長面談で使えないだろうかと思いました。職員個々の気持ちを聞きたいのだけれど、相当緊張させてしまいそうだし、自分も「園長として！」なんていうふうに、余計な力みが入りそう。緊張してる人と、力んでいる人。絶対うまくいかなさそう……。なんかおもしろくできないものか……そうか、易者かもしれない！

2 いつもの関係を少しずらすための工夫

「上町の父」*という看板を作り、部屋に貼りました。風呂敷を頭からかぶり、机の上には人形と、めだかが1匹入った小さな鉢を置きました。それから板積み木を10本。これで準備はOK。順番に職員を呼び込みます。「さ、お入りなさい」と上町の父。入ってきた職員は思わず吹き出したり、わけがわからず一瞬立ち止まったり。「今日はあなたの保育を見てあげるから、さ、どうぞお座りなさい」。そうです、私は園長ではなく上町の父です。いや園長だけど園長じゃない。園長と職員といういつもの関係を少しずらすことでお互い話せる話がありそう。

*上町は園名に由来している

3 園長という役職を離れ、職員の気持ちを聞くことに徹する

机の真ん中にビニールテープで線を引きました。「ここに板積み木が10本。これを使ってあなたの気持ちを聞かせてください。今、保育をやっていて『楽しい』なら線の右側に、『つらい、しんどい』なら左側に、それぞれ板積み木を動かしてみてください。『楽しい』が0本で『つらい、しんどい』が10本でもかまいません。もちろん楽しいが10本でも。こんなこと言ったらダメかな？なんて思わずに。さ、どうぞ」

職員それぞれ「うーん……」と一瞬考えて板積み木を6：4とか2：8とかに動かします。「楽しいに6本動かしましたね。この中身はなんですか。つらいに4本、この中身は？　あなたの気持ちをお聞かせください」。こんな感じで職員の気持ちを上町の父に打ち明けてもらいます。やってみて自分自身が気付いたのは、上町の父の格好をしていると、職員の気持ちをそのまま「うんうん」と聞ける。これが「園長」だとつい「それはさぁ……！」と言いたくなってしまう。上町の父になりきることで、私自身がフラットに職員の気持ちを「聞く」ことに徹することができました。こんな園長に付き合ってくれる職員に感謝です。

個人面談当日、「上町の父」と書かれた看板が貼ってある部屋に行くと、風呂敷姿の青山さんがいて、「え……?」と思わず笑ってしまったのを思い出します。その「ふっ」と笑えたことで緊張が緩み、いつもよりラフに、自分の今の気持ちを話すことができた気がします。（保育者）

リスペクト型マネジメントの視点

「ずらし」の手法ですね。社会学的に言うと、人は日常的にある役割を演じています。青山園長は「園長」という役割を演じているわけです。青山園長が園長らしくないと言っても、面談という場では職員はその下で働く「職員」を演じるはずです。それでは、普段言わない本音は出てきにくいものです。そういう意味で、いつもと違う演出をするというのは効果的だと思います。園長の皆さんは、面談の際、どのような演出の工夫が可能でしょうか？

月

職員同士の関係性に変化を生み出す企画を

これまでは職員間で対話を重ねてきました。ただ、いつも同じメンバーで「保育」の話ばかりしていると、同じような話をして、同じような落とし所になっているかも……。何より職員同士の関係性もいつのまにやら固まってきてしまっているような不安。さてどうしよう。

保育を語り合う

子どもの話
保育の話

❶

今日も保育を語り合う

子どもの話
保育の話

❷

保育の話は実り多いけれど、
いつも同じ話に
なっていない……？

ひらめいた！

❸

数週間後の夜

オトナなナイト

ゲストの皆さん
いらっしゃい！

企画
青山園長

原種野菜の
八百屋さん

写真家

校則を撤廃した
校長先生

未知の世界！
おもしろそう！

❹

校則がなくなると
どうなったんですか？

初めて見る野菜！

❺

保護者も一緒に！

おもしろそう

お父さん、
お母さんもどうぞ～！

保護者の皆さん

❻

いつもの役割を超えて、
人と人として
出会い直す機会になったね

❼

継続して開催へ

チームづくりのポイント

1 いつも「保育」の話、これっていいこと？

いろんな手法やアイデア、また時にはグループで、時には個別で、保育の対話を職員間で積み重ねてきました。それはそれで実り多きものでしたが、ふと気が付くといつも同じような言葉で子どもや保育についてだけ語り合っています。これっていいことなのかなという疑問を感じました。保育は保育だけでは学べない。子どもとかかわる時に職種やジャンルを超えていろんな興味をもっていたほうがいい。そして、それをお互いに語り合えたら、きっと保育の彩りももっと豊かになるかも!?　そしてそのほうが職員同士の関係性もやわらかくなるかも!?　でも自分たちからは保育のフレームを超えた話題はなかなか出てきませんでした。

2 「オトナなナイト」*で異分野に出合う

それで企画を考えました。保育分野以外のゲストを呼んで、大人だけでじっくり話を聞いて語り合ってみたらどうだろう。その名も「オトナなナイト」(大人限定の会なので)。ゲストは様々で、原種野菜の八百屋さん、小学校でおもしろい取り組みをしている図工の先生、校則を撤廃した中学校の校長先生、猪狩りを撮影している写真家の方などなど。みんなで原種野菜をかじってみたり、校則をなくした後の学校はどうなったのかを聞いたり、猪が森に生命として還っていく写真を見つめたり。他ジャンルの、しかも外の人からの刺激を受けて、いつも話したことのないような語り合いが巻き起こっていきました。食べ物のこと、森に還っていく生命とゴミとして廃棄されるものとの違い、子どもを信じるという教育の根っこについてなどなど。

*青山園長が主宰し、園で夜に行われる大人限定の座談会イベント

3 保護者も一緒に！

「オトナなナイト」は保護者の方も自由参加で入ってもらいました。毎回同じメンバーで毎回同じ話題を話していると関係性が固まってしまう。それは園と保護者の関係性も同じです。いろんなジャンルの人の話を一緒に聞けたことで、職員と保護者という関係性がほぐれていくのを感じました。保育者と保護者、先輩と後輩、園長と職員。いつもの役割を超えて、人と人として出会い直す機会になったと思いました。そして毎日毎日顔を合わせているからこそ、このような出会い直しは意識してたびたび行う必要があるとも感じました。

八百屋さんがゲストの回は親子での参加がOKで、野菜にかぶりつく子どもたちに笑顔があふれました。異分野の話をしているのに、気付くと子どもや保育の話とつながっていくのは、保育園で行う「オトナなナイト」ならではだなと思います。（栄養士）

リスペクト型マネジメントの視点

倉橋惣三は『幼稚園真諦』の中で「先生の生活性」ということを述べています。保育者自身の人としての「生活性」は保育に活かされるのです。そのため、保育者自身が「環境問題」についてどのように考えているか、園のある地域のことについてどのようにつながりや親しみをもっているかは、枝葉ではないところで、保育ににじみ出るのだと思います。「オトナなナイト」は、そうした点からも大きな意味があるのです。

時には違う園の保育者との対話から学ぶ

法人内で園を超えた対話型の研修をしています。同じ園にいるといつの間にか事例もその検討の仕方も同じパターンができてしまうもの。法人内で園が増えたこともあり、お互いの交流、園訪問も兼ねて年齢別、層別の研修に取り組みました。

法人内の園で対話型の研修

こんにちは～

A園

わあ、こんな園舎なんだ

C園

B園

今日はよろしくね

よろしくお願いします！

①

5歳児担当研修　研究テーマ決め

こんな姿が見られてます

うちでもそういうこと、ある！

②

子どもがなぜか集まる場所ってあるよ

5歳児は「居心地」をテーマにしてはどう？

うんうん

うちでは、日差しの当たるところに子どもが集まるよ

③

年間を通じて対話、研究して、12月には法人全体の研修発表へ

11月

12月

10月

9月

8月

④

法人全体研修発表会

ポスターをもとにお互いたくさんおしゃべりする気持ちでね

⑤

法人内の一体感も高まったね

⑥

チームづくりの
ポイント

1 園を超える新鮮さ

同じ理念のもとに保育を行っている法人内の施設とはいえ、人も環境も違えば各園の文化や個性も様々。その文化や個性は認めつつも、園が「たこつぼ」のように閉じてしまわないように、法人内で園を超えた対話型の研修に取り組みました。年齢別、階層別（主任、副主任など）に園から担当1名ずつ出し合い、年間を通じて話し合います。会場が各園持ち回りとなっているため、園訪問も兼ねていてほかの園を見られることもちょっと新鮮な刺激。同じ年齢を受けもっているということで、子どもの姿には「こういうこと、うちでもある！」と共感できることがたくさん。また「そういう時はこうしているよ」などほかの園からの意見も聞けました。園内対話も重要ですが、異なる文脈をもった保育者と話し合えるのも刺激となっていきました。

2 事例から研究テーマを自分たちで見つけよう

事例や子どもの姿を持ち寄ったら、自分たちで年間の研究テーマを決めます。「子どもの姿から私たちが探究したいもの、議論したいものはなんだろう？」というふうに。5歳児担当のテーマは「居心地」でした。ある場所に子どもが集まるのはなぜだろう、またそれが5歳児というかかわり合いのなかでどう関係しているのだろう。0歳児担当のテーマは「舐めログ」。いろんなものを舐めまわす赤ちゃんたちにいちばん人気なのは？　人気の理由は？　グルメサイト「食べログ」にあやかってのネーミング。研究ということで身構えてしまうのではなく、子どもの姿に驚き、それを生き生きと語り合いたいという気持ちを大事にしていきました。

3 「ちょっとどきどき」を仕組む全体発表

年間を通じて対話、研究してきたものを12月には法人全体研修発表として、全職員に開きます。でも壇上に上がって200人以上の前で話すのは緊張もするし、聞いているほうだっていろいろ質問したい。そこでポスター発表を取り入れました。これなら「お客さん」のほうは自分で興味のあるところに行き、発表者と気軽にやり取りができます。発表者も壇上に立つよりは緊張せずにおしゃべりできます。

会の始まりには「発表者は単に原稿を読むのではなく、参加者も単に聞いているだけでなく、ポスターをもとにお互いたくさんおしゃべりする気持ちで！」というアナウンスがあったこともあり、2時間たっぷり各担当のポスター発表の前でおしゃべりに花が咲き、普段あまり顔を合わせない法人内の一体感も感じられました。

ルールや行事を統一するよりも、対話の中から法人という「わたしたち」をつくる。取り組み始めたばかりですが、ちょっと文化祭めいた雰囲気もあり、来年もまた楽しみです。

同じ法人でも、園によってそこにいる子どもや大人、その暮らし方は異なります。だからこそ、それぞれの園でのエピソードを持ち寄って話すことで、普段「当たり前」になっている暮らしを改めて考えるきっかけになりました。（保育者）

リスペクト型マネジメントの視点

時には違う園の人と対話することが大切ですね。そうすることで、共通点と同時に「違い」も見えてきます。違っていることが自分たちの個性だと思える場合もあれば、違いから新しい視点を学ぶこともありますね。だから、異文化交流は大切なのです。同一法人内に複数の園がある場合は、こうした取り組みはいいですね。また、ポスター発表はみんなが主人公になれる良い方法です。ぜひ、どこの園でも活用してほしいですね。

月

園見学を自分たちの園に活かすには

園内対話だけではなく外から学びを得ようと、他園の見学にも積極的に出かけました。リフレッシュにもなるし、何よりほかの園をのぞけるなんて心躍ります！　ところが帰ってきてみると……。

今日は、ほかの園からたくさん学ぼう！
楽しみですね！
やったー
①

A 保育園を見学
こんな園庭、いいな～！
すてきな園舎！
この装飾のセンス、素晴らしい！
②

でも、園に戻ってくると……
それに引き換え、うちの園は……
本当にすてきだったね
写真
はあ～
どうやってもあんなふうにはできないね
あれれ？こんなはずじゃなかったのに！
③

ステップ 1
自分たちの課題を確認する
今、どんなことが 課題？
夕方の時間、もっと落ち着いて過ごせるといいですね
④

ステップ 2
目的に合った園を見学。じっくりお話をうかがう
時間を1日単位ではなく、明日へ続くものと捉えています
ふむふむ
なるほど
これまでの経緯、試行錯誤、思いなど、詳しくお話を聞くことが大事！
⑤

園に戻って…
ステップ 3
「考え方」を参考に、自分たちの園でできることを考える
うちでは明日の昼ごはんの下ごしらえを一緒にしようか
いいね
温かいスープを飲むのもいいね
試行錯誤しながら、うちの園らしくできることを考えていきたいね
⑥

チームづくりの
ポイント

1 隣の芝生はやっぱり……

開園１年目はまだ子どもたちの定員も埋まっておらず、比較的、保育者の配置に余裕がある。こんな時こそほかの園からたくさん学ぶチャンス！とばかりに園見学をお願いしました。どの園も快く受け入れてくださり、ワクワクしながら出かけました。１人では視点が偏るし、その後の語り合いも豊かに行いたいので、必ず２名以上で出かけることに。ところが帰ってきてみると、「園舎が！」「園庭が！」「片付け方が！」「装飾が！」「すてき～！」となり、単に隣の芝生は青かった、という話題に終始することに。かえって自信をなくしたり、自分たちの保育環境が貧しく思えたり。うーん、こんなはずじゃなかったのに！

2 園見学のテーマを見つけよう

そもそも何を見に行きたいかがぼんやりしていたかも、と振り返ってみました。自分たちの今の課題が何で、そこからなぜその園を見に行きたいかという目的があんまり明確ではなかったのかもしれません。もちろん、園見学は事前の目的に縛られる必要はないし、行ってみて感じること、気付くことも重要。でも先にいくつか視点を絞っていくと見やすくなるのも確か。夕方の過ごし方、部屋の明るさと活動の関係性、素材の置き方と見せ方など、訪問する園によって、いくつか事前にポイントを話し合ってから行くことにしました。

3 自分たちの園でできることは？

どんなにすてきでも、ほかの園の形だけをまねしようとしてもたぶん難しい。その園の今の姿はそこにかかわってきたたくさんの人たちのこれまでの積み重ね。だからこそ、なぜ、どうして、今の姿にたどり着いたかを詳しくお聞きしてみました。表面だけでは見えてこない思いや、これまでの経緯、試行錯誤なども教えていただきました。私たちが学びたいのもまさに考え方のしなやかさや幅なのです。

例えば夕方をとても温かく、落ち着いて過ごしている園に、どうしてこうなったのかをお聞きすると、「時間を１日単位で考えず、明日に続くものとして捉える。だから明日の食材の用意など、明日の時間につながる活動を子どもとしている。単にお迎えをさみしく待つ時間にならないためにも、食の活動は重要」と教えてもらいました。

この「考え方」は参考になりそう。これをもとに自分たちで何ができるかを考えました。そこでうちの園でも翌日の食材の下ごしらえ（皮むきなど）を取り入れたり、温かいスープを飲んでほっとしたり、昼間、畑で掘ってきた野菜を七輪であぶって食べたりしてみました。自分たちの暮らしとして馴染んでいくにはまだまだ時間が必要。でも試行錯誤も楽しんでいけたらいいなと思っています。

「美しいとは何か」をテーマに系列園へ研修に行きました。装飾的な美しさだけでなく、その園で何に職員が心を動かしているのかを聞いてみました。それを受け、「私たちの園ではどんな風景だろう？」と振り返るきっかけとなりました。（保育者）

リスペクト型マネジメントの視点

ほかの園を視察する場合、自分たちが何を見てくるかを事前に話し合って臨むことって大事ですよね。これって、「保育所における自己評価ガイドライン」（厚生労働省）の、評価の観点・項目でもあると思います。評価の観点・項目というと固いですけれど、要は自分たちが意識して振り返りたいポイントってことです。だから、「夕方の時間の過ごし方」が課題であれば、それを園全体の評価の観点・項目の1つとして、継続して語り合うテーマにもなるのです。

月

初めての行事は「おもしろそう！」を大切に

初めての行事へのプレッシャー。成功させなくちゃと自分たちで自分たちを縛り始める。会議もだんだん重苦しい雰囲気に……。自由と言われても枠がないからどこから考えたらいいのかもわからない。そんななかで起こったハプニング。またしてもどたばたは続く……。

2月。園のお祭りの打ち合わせ

お祭りだから なんでもありだよ

なんでもって…… どうやればいいの？

何が正解なの？

1年の集大成だよね…

1

おもしろいものじゃなくて、「おもしろそう！」なものを考えればいいんだよ

先輩園長先生

2

ということで…

気分を入れ替えて……

それなら できそうかな

ね!!

うん!

3

子どもたちとも相談して、めっちゃ盛り上がる！

露天風呂、やりたいな～

おもしろそう!!

だったらお湯を…

金魚すくいが したい！

いいね！

きれいだね!!

最終的には 足湯に

最終的には めだかすくいに

4

突然のハプニングもなんのその

○○先生 インフルエンザで 1週間休みだって

私たちで やるしかない！

がんばります

5

Small pond festival

あしゆ

のどじまん大会

めだかすくい

いろんな 「おもしろそう！」が 見つかったね

6

チームづくりのポイント

1 初めての行事で

園での大きな行事は2つしかなく、運動会ともう1つが2月にあるsmall pond festivalというお祭り。「お祭りだからなんでもありだよー」と職員に振ってみるものの、なぜか会議が重苦しい。なんでもありと言われると、どこからどう考えたらいいのかわからない。これが初めてだし、これが来年度以降のモデルケースにもなるし、これが1年の集大成のような気もするし……と自分たちにプレッシャーをかけてしまう。そのうちにみんなが黙りがちに……。みんなで「何が正解なのか」という答えのない迷路にさまよう。さてどうしよう。

2 「おもしろそう！」を考えよう

そんな時、知り合いの園長が「おもしろいものじゃなくて、おもしろそう！なものを考える」と言っていたのを思い出しました。おもしろいものはおもしろいとわかっている。「おもしろそう！」はやってみるまでは本当におもしろいかはわからない。でも人が行動を起こす時っていうのは、だいたい「おもしろそう！」な時。今回のフェスもいろんなプレッシャーをひとまず横に置き、何をやったら「おもしろそう！」か出し合ってみました。「保育」「行事」という思考からいったん離れるとあふれるようにアイデアが出てきました。露天風呂（最終的には足湯になりました）、金魚すくい（最終的にはめだかすくいになりました）、染め物、チョコバナナ、のど自慢大会などなど。やっぱり「おもしろそう！」の熱量はすごい。そして何より楽しい！　もちろん子どもたちにも相談。特に4・5歳児は、ミーティングで何が「おもしろそう！」かを話し合い、どんどん盛り上がっていきました。

3 ハプニングから生まれるもの

そんな矢先、4・5歳児の担任がインフルエンザに！　メインで進めてくれていた人が抜けちゃった！　どうしよう！　でももう残ったメンバーで「自分たちがやるしかない！」。かかった人が気に病まないためにも、どん！と引き受けておおいに楽しもうと決めました。それまではメインの担任に頼りがちだったほかの2人も、いなけりゃいないで腹をくくり、子どもたちと共にフェスをつくりあげていきました。

病は歓迎すべきものではないですが、地位は人をつくるというか、たまたまですが突然降って湧いたハプニングで、いつもとは違う表情を職員が見せてくれて、あー、これも「おもしろそう！」の1つだなあと思いました。保育って確定的なことばっかりじゃ、つまらなそうですものね。

「おもしろいことをつくらなきゃ」というプレッシャーが当初はありました。一方で「おもしろそう」は子どもと遊ぶ時のキーワードでした。「遊ぶようにやればいいのか」と感じた時、視界が晴れました。行事当日はインフルエンザにかかってしまいましたが、病床で園のみんなを逞しく感じました。（副主任）

リスペクト型マネジメントの視点

「おもしろいこと」ではなく、「おもしろそうなこと」っていいですね。保育をしていると、つい「あるべき」保育、「魅力的な」保育をイメージしがちです。そうだとすると、どうしても苦しくなりがちです。そうではなく、「おもしろそうなこと」、言い換えると、「やってみたいこと」でもあるかもしれません。職員同士が子どもと同じように「これやってみたい」「あれやってみたい」って声が自由に上げられるっていいですよね。

長所も短所もない「寄せ鍋」のような組織に

新規園のどたばたチームづくり。いろいろあった12か月。とにもかくにも必死で駆け抜けてきましたが、振り返ってみるといろいろなことが見えてきます。

1年を振り返って……

園長面談

オトナなナイト

Small pond festival

本当によく話し合った

1年目も、リーダーも、キッチンも、園長もなくみんなで飲んだり……

あ、そういえば

え？ 園長になる？
あんた向いてないわよ！

融通が利かないし、
偏屈っていうの？
変な正義感あるしさ。

青山園長母

あははは！

「いい園長」なんて、
目指さなくていいんだな

周りを見れば……

周りと相談できる人

だったら

…したくて

今度のイベント

これでふいてね

気配りのできる人

話を聞いてあげる人

それで…

うん

うん

みんな、
それぞれの持ち味
それでいいんだ

僕らの園は
日々味わいが変わっていく
寄せ鍋でいこう！

今日もいい味に
なったね

チームづくりのポイント

1 いろいろやってみたけれど

園長面談（上町の父）、オトナなナイト（外部ゲストを招いてのゆるい研修）、フェスなどなど、いろいろやってきました。また1年を通して、見知らぬ間柄だった私たちはでこぼこではあるけれど、おぼろげながら「チーム」となってきたようにも思います。何か問題が起こるたびに額を集めて話し合いをしてきました。

しかしそれと同じくらい、飲みながら語り合いました（コロナ禍ではそれすら難しくなってしまいましたが）。職場での話の続き、職場では話さないようなこと、たわいもない笑い話。そういう機会を重ねることで、それぞれが溶け合い、お互いが一緒にいることを赦し合うような間柄が育ってきたのだと思います。そこでは、だれがリーダーで、1年目で、キッチンでなどという役割からも自由になりますし、むしろ普段の役割もそれぞれが必要に応じて演じているだけということも明白になります。

それはお互いの関係性をほぐすだけではなく、役割を担っている当人も楽にさせてくれます。例えば「園長」などという役割もそうです。

2 「向いてない」園長として

実は私、青山がこの仕事に就く際に母に相談してみたところ、「あんたに園長は向いてないわよ」と言われました。理由を聞くと「あんたって融通が利かないじゃない。偏屈っていうか、変な正義感あるしさ」とのこと。そう言われて不思議に嫌な気持ちはしませんでした。むしろ、本当にそうだなと深く納得しました。同時に、じゃあ挑戦してやろうという気持ちと、だから無理に「いい園長」なんて目指すのはやめようという気持ちが湧いてきました。幸いにして、主任をはじめリーダーの人たちはとても柔らかで、協調性があり、人の話をよく聞いてくれる人ばかりでした。それなら自分は偏屈でも（それにふんぞり返るつもりはないのですが）、自分にできることをやろうと思った次第です。自分にできないこと、向いてないことを頑張るよりも、自分らしくあることが自分の責任のような気がしたからです。

3 長所も短所もない「寄せ鍋」

そう思って周りを見ると、明らかに自分より優れている人ばかりです。人の話をゆっくり最後まで聞いてあげられる人、性急に結論を出すのではなくまずは周りと相談できる人、雨の日にタオルを玄関に出すなど細やかな気配りができる人、そこにいるだけで安心感のある人、飲み会ではしゃぎながら周りを明るくできる人。どれも自分には持ち合わせのないものばかり。でも本人と話してみると、意外にも本人はそうした点（私から見て長所と思えること）を自分の短所だと思っていたりもする。ああだからこれは長所・短所ではなくて、持ち味なんだなと。私ならどうしても偏屈になっちゃう、良くも悪くもそれが持ち味。お互いが持ち味を持ち寄って場をつくっていく。まあ、「寄せ鍋」みたいなもんだなあとしみじみ感じています。人なので持ち味と言っても日によっても違うし、また移り変わってもいきます。そんなところも「寄せ鍋」と同じでその時々の味もまた変わっていいのかもしれません。

保護者に園の保育を知ってもらおうと、みんなのアイデアで多くのことが行われた１年間でした。時間と場所を設け、強制でなくやりたい人が集う。やってみると保護者も忙しいなか、実はそんな機会を望んでいることに気付き、園と保護者が子どもを真ん中に暮らしていることを実感しました。（主任）

リスペクト型マネジメントの視点

園長の業務というのは大変ですね。よく、「職員のここが足りない」などと聞くことがありますが、この話は全く逆です。それぞれの「持ち味」と思ってもらえたら、自分らしさが大事にされて、より自己発揮できるでしょうね。保育も同じですよね。その人の「強み」に着目する「ストレングス理論」というものがありますが、この話では長所・短所ではなくその人の「持ち味」だと言っていて、「強み」という見方に限定されないのかもしれませんね。

新設園でのどたばたチームづくりの12か月のまとめ

上町しぜんの国保育園では、一人ひとりの職員の個性や違いが尊重されたチームづくりが大事にされています。リーダーだって多様なタイプがいて、その多様さが活かされてチームが形成されていくという視点も魅力的です。さらに、保育の枠に留まらず、「おもしろそう」を大切にしたり、外とのつながりも大切にしたりするところもチームづくりの魅力だと感じました。このような取り組みから、私は職場のチームづくりにおける「対話」の重要性を感じるのです。それは、会社組織において「対話」を通して、互いの「わかり合えなさ」に橋をかけて「新たな関係性」を築こうとする「ナラティブアプローチ」の視点（宇田、2019）＊1 でもあります。また、分野は違いますが、不確実性をもちながら、複数の声をそのまま大事にしようとする「オープンダイアローグ」（斎藤、2015）＊2 の視点にも通じるのです。それは単なる調和ではない、多様な職員の声や良さを活かしていこうとする対話の視点なのだと思います。

＊1：宇田川元一『他者と働く 「わかりあえなさ」から始める組織論』ニューズピックス、2019
＊2：斎藤環『オープンダイアローグとは何か』医学書院、2015

第3章

リスペクト型マネジメントの12か月

園長も、先輩もみんなで見守る！新人保育者育成

新人保育者を現場に迎えたら、どのようにマネジメントをしていけばよいでしょうか。第３章では、せんりひじり幼稚園のエピソードをもとに、「語り合う保育」に向けた、新人保育者育成におけるリスペクト型マネジメントのポイントを紹介します。

執筆・協力　学校法人ひじり学園 せんりひじり幼稚園（大阪府豊中市）
コメント　大豆生田啓友

園の概要：1966年創立。2016年幼保連携型認定こども園に移行。自己肯定感を大切に、自分たちで遊びや生活をつくり上げていく子どもの主体性の育ちを支えています。子どもを肯定的に足し算で見ることを基本に子ども理解を深め、保育者の主体的で対話的な関係を大切にしています。園児数は0・1・2歳児50名。3・4・5歳児405名。

4月 「園って楽しい！」と思えるように

期待と不安が交錯する新学期。新人保育者は先輩とペアになり、３歳児クラスを受けもちます。毎日が一生懸命で、いっぱいいっぱい。何がわからないかもわからない時期と言ってもよいでしょう。身近な先輩との関係を確かなものにしていきながら、少しずつ自信をつけ、園生活に慣れていきます。

朝
おはよう
おはようございます
今日も元気そう！ホッ
先輩 ユウコ先生
新人 マホ先生

今日、子どもたちに読みたい絵本見つかった？
ダンゴムシの絵本持ってきました
いいね、読んでみましょう

これからマホ先生が絵本を読んでくれますよ
はーい
はーい

……おしまい
……

あれ？読み終わった後のこと考えてなかった！
ユウコせんせーい!!

職員室
気にすることないよ 私も去年そうだったし！経験してコツをつかめば大丈夫だよ
読むことしか考えてなかったー
そうですか？

だけど、マホ先生、絵本選びは大正解だったね！子どもたち、集中して見ていたし最初の声かけも良かったよ
ありがとうございます！次も頑張ります!

自信をもてる雰囲気づくりを！

見守りのポイント

1 「園って楽しい！」と思えるように

新人保育者は毎日とても緊張しています。最初は朝、来る（出勤してくる）だけで良し！ 保育は先輩保育者がほぼ進めていき、任せられそうなところを手伝ってもらいます。子どもとのやり取りを通して「子どもってかわいいな」「かかわって楽しいな！」と保育の醍醐味を実感し、「今日も楽しかった」「園に来て良かった！」と思ってもらえるように働きかけます。

2 肯定的な言葉をかける、肯定的に見る

「絵本読み」や「名前呼び」などちょっとしたことでも、子どもの前に立ってできたことをほめます。「みんな、こんな反応をしていたね！」「声かけが良かったよ！」など、自分は認められていると感じられれば自信につながるもの。失敗しても次にチャレンジできる安心感がもてればOKです。新人保育者が今日の「良かったこと」「困ったこと」「振り返り」を記入する「振り返りノート」は先輩保育者が見て、ほめたり認めたり、アドバイスを記入したりして返します。

3 身近な先輩と良好な関係をつくれるように

先輩保育者たちは保育の合間に、そして終わってからのほっとした時間に、保育室で、テラスで、職員室で、話しやすい雰囲気をつくります。「さっき○○ちゃんおもしろいこと言ってたよ」「こんな遊びしてたよ～」など子どもの話から共通の話題、「昨日はゆっくり眠れた？」など何気ない言葉を投げかけ、会話が弾めば安心です。わからないことを気軽に聞ける関係であることも大事。

4 新人教育課程を目安に

ミドルリーダーたちが新人保育者を育てるための教育課程を作成しました。新人保育者の心情を理解し、その思いに合わせてサポートするために読み返します。職員室の席は学年ごとになっているため、オフィシャルな会議はなくても毎日の何気ない話し合いが保育のヒントになっていきます。

新人教育課程

★ "楽しいな"と感じられることを大切に…
★ "子どもが可愛い！"が原動力になるように…

	2月・3月	4月		5月	6月	7月
保育・行事	○手遊び、絵本、紙芝居 ○名前よび ○ピアノ ○朝、帰りに挨拶	●入園式 ●始園日 ・自己紹介 ・笑顔で挨拶 ・手遊び ・紙芝居 ・名前呼び ・朝、帰りの挨拶	●個人懇談① ・メインは副担 ・あいづち、笑顔 ・顔を覚える ●クラス親睦会 ・ふれあい遊び ・子どもの遊びを見守る	●親子遠足 ・一緒に楽しむ	●保育参観 ・流れは副担 2人で前に立つ ●個人懇談② ・一言エピソードを話してみよう	●七夕まつり ・2人で流れを確認しながら一緒に。 ・保護者に挨拶やってみる。
		●体操 ・体操をマネして踊る。	●給食 ・配膳中の子どもを見る。 ・給食を先に食べ、終わったらおかわり	・給食のインタビュー	・給食の片づけ流れ	
実態		[illegible]			・毎日追われて必死	
	・子どもへの声掛けの声が出ない ・1対1対応になる ・自分から動けない ・指示されたことをしようとするが、できずに動けないでいる ・それ以上はしない ・自分に寄って来てくれる子と遊ぶ ・子どもの前に立つことで自信に繋がる	・何がわからないかもわからない ・副担とうまくやっていけるか不安 ・保護者と話すのが怖い。 ・子どもが可愛くて救われる。 ・子どもの前に立つと緊張して止まる… ・子どもへの関わり方がわからない	・子どもと1対1でつきっきりになる ・周りが見えない ・副担がいるのが心強い。 ・個人懇談でほとんどしゃべれない。 ・子どもへの言葉掛けがわからない ・ピアノの練習をしていても子どもの前だと弾けなくなる。	・給食が食べれない 給食の援助、どこまでしたらいいかわからずつきっきり ・プレッシャー 先輩みたいにできるかどうか… ・泣いている子への対応がわからない ・ケンカやトラブルの仲裁の仕方がわからない。 ・子どもの行動（ケンカや危険）に気づけない。	・行事になると頭が真っ白… ・笑顔が減っていく… ・声が出ない・通らない ・自分のやっている事があっているかわからない… ・子どもの前で妙な間が空く ・自分にできる事を探すがあたふた…	・日々のコーナー設定に悩む。 ・私の話を聞いてくれない… ・子どもになめられているんじゃないか…

初めての園生活が始まり、緊張や不安で泣きながら登園する子どもの姿を見ながら、私も一緒に泣きそうでした。毎日がいっぱいいっぱいで記憶もないぐらい大変でしたが、先輩が声をかけてくれてうれしかったです。

リスペクト型マネジメントの視点

新人保育者に対して、まずは「出勤してくるだけで良し」とする考え方はとても大切です。新人の頃の緊張感は、想像以上。一つひとつが不安なのです。先輩保育者たちも少し前まで自分が新人だったのに、その時の不安や緊張感を忘れてしまいます。だからこそ、リーダー層の先生方がしっかりとそれを意識した体制をつくることが不可欠です。4つのポイントにあるような園全体で温かく支える体制をつくりましょう。

まずは経験。子どもと積極的にかかわれる環境を

新人保育者も子どもと同じように少し園生活に慣れてきた頃。保育後に保育のことや子どもの遊ぶ様子など、先輩保育者と話をすることに慣れ、関係性もできつつあります。ゴールデンウィーク（以下、GW）の長い休みでリフレッシュした後、子どもとかかわる楽しさを感じていきます。

どうしたの？
!!
ぼく!!
わたしが先!!

お話聞かせてくれるかな？
わーん

20分経過
うんうん、それで？
そうか、そう思ったんだね
それで…
だってさ
ヒック

ユウコ先生～どうしよう……
ヘルプ～

保育後
ずっと泣いてるし どうしたらいいか わからなかったです

経験が大事よ
最初は子どもたちの けんかの仲裁には 時間がかかるものよ
マホ先生が自分の気持ちに 寄り添ってくれてるってことは 子どもたちにも伝わっていたよ！

何事も経験することが大切！

見守りのポイント

1 まずは経験！ 子どもの前に立つ機会を

普段から先輩保育者の保育を見せていきながら、徐々に新人保育者が子どもの前に立つ機会をつくっていきます。簡単にできそうなことから、事前に先輩保育者と一緒に手順を確認し、実際に１人で子どもの前に立って保育を行います。できたことを認め、「また子どもの前に立ちたい」という意欲と自信につながるように振り返りを行うことも大事です。子どもに積極的にかかわり、一つひとつの経験が自信につながるようにします。

2 子どもと遊び込める環境を！

子どもと笑い合ったり、思いっきり遊び込んだりすることで、保育の楽しさ、子どもとかかわる楽しさを十分に感じられるようにします。先輩保育者は新人保育者と子どもを遊びに誘い、遊びが盛り上がりそうなところで新人保育者と交代し、子どもと共に安心して遊び込める環境を与えられるように配慮します。

3 新人保育者が、歳の近い保育者と話せる時間をつくる

保育後の時間を使い、子どもが帰った後の保育室のリラックスした環境で歳の近い先輩保育者と一緒に教材準備をするなど、話す時間を多く取ることができるようにします。また、職員室でも同じ学年の保育者とお菓子を食べたりコーヒーを飲んだりしながら子どものかわいいエピソードや遊びの様子などについて雑談するなど、話しやすい雰囲気をつくります。

4 GW明けを前向きに迎えられる言葉をかける

GW明けを、特に新人保育者は前向きな気持ちで迎えられないものです。休みに入る前に先輩保育者は、新人保育者と休み中の予定や楽しみにしていることなどの話をしましょう。子どもに話すような感覚で「休みが終わったら楽しかった話を聞かせてね」と伝え、新人保育者が前向きな気持ちで休み明けを迎えられるように声をかけておきます。また「４月のバタバタな時期を私１人では保育できなかった、あなたがいてくれたから楽しく保育ができた」など、新人保育者が役に立っていると感じられるような言葉をかけます。

「○○先生」と、子どもが私を必要として名前を呼んでくれることが単純にうれしかったです！ 一緒に仲良く遊んでいる時は楽しいのですが、けんかの仲裁などはどうしていいかわからず、ただ気持ちを受け止めるだけでした。

リスペクト型マネジメントの視点

新人保育者が、先輩保育者と同じように担任をもって１人で全部行うのはだれがやっても大変に決まっています。この園のように、先輩保育者にサポートしてもらえるとどれほどありがたいことでしょう。子どもとかかわる楽しい経験を積み重ね、自信をつけながら出番を増やしていけるなら、悩みもぐっと減りますよね。特に、GW明けは憂鬱なもの。そこを乗り越えられるような支えも重要なポイントです。

前向きな気持ちになれるよう、共に保育を振り返る

梅雨の時期になり、子どもと同じように新人保育者も少し疲れが出始めます。でも、「もう４月から２か月経ったし……」と欲が出て、「ちょっと頑張ってほしいな」と先輩保育者が新人保育者に期待してしまう頃でもあります。「もう２か月」ではなく「まだ２か月」に、思考を転換することが必要です。

明日から個人懇談が始まるね
明日はこの5人です
1

自由遊びの時間に5人の行動をメモしておいて保護者に伝えて安心してもらおう
ハイ
2

サトシくん シロウくん ブロック….
タマちゃん マイちゃん かけっこ…
カンちゃん ごんしゃの本…
3

個人懇談中
サトシくん、4月よりも安心して過ごしていますよ！
4

マホ先生 見てくれてたよね
あっ!?　はい！ えっと……今日は シロウくんと ブロック遊びを……
そ、そして …
5

個人懇談後
保護者の方を前にすると緊張して……話すことを忘れてしまいました
経験して少しずつ慣れていけばいいよ
6

経験を明日に活かそう

見守りの
ポイント

1 時間が空いてもドキドキしないために

朝の名前呼びや保育の導入、帰りの絵本読みなど、新人保育者も子どもの前に立つ機会が増えてきます。先輩保育者は子どもの位置から笑顔で見守り、話を補ったりして話しやすく楽しい雰囲気をつくります。しかし、少し時間が空くと、新人保育者は何をしていいかわからずアタフタしてしまいます。そんな時も安心して子どもの前に立てるよう、簡単な手遊びやクイズなどを準備しておくように、前もって伝えておきましょう。子どもが楽しそうに保育者を求める視線を感じ、このクラスの担任なんだ！という実感と意識が芽生え、子どもから求められるうれしさからやりがいを感じていきます。

2 うまくいかない時も振り返りで前向きに！

子どもとのかかわりや前に立って保育を進めるのは、毎日うまくいくことばかりではありません。そんな時は、新人保育者の気持ちに共感し、どこがうまくいかなかったのか振り返りをしっかりと行います。そして次に同じような場面があった時に、振り返りを活かし、成功体験ができるようにします。うまくいくことばかりでは成長につながらないので、うまくいかなかった時を成長のチャンスと捉え、かかわるようにします。

3 コーナーづくりの大切さを実感できるようにする

雨の日に室内で落ち着いて遊べるコーナーづくりを新人保育者に提案します。感触遊びが楽しめるようにスライムや小麦粉粘土などさわると気持ちよい素材を用意したり、園庭の花を使って色水遊びができるようにすり鉢を用意したり、屋根から伝う雨のしずくの音を楽しむために空き缶を並べたり。新人保育者の意見を取り入れ、子どもが遊ぶ姿を思い浮かべながら、一緒にコーナーを準備しましょう。

また、6月は健康診断がある月なので、経験したことを遊びで再現できるように、お医者さんごっこの用意をしておくことも提案します。新人保育者が自分で工夫して用意したコーナーで、子どもたちが楽しそうに遊ぶ姿や、遊びが広がっていく様子を見ることで、次への意欲につながります。

毎日の送迎時に保護者と話しているので慣れてきたつもりでしたが、個人懇談の場になると、すごく緊張してしまいました。6月は雨も多く、気持ち的にもしんどくなりかけましたが、子どもとの感触遊びで癒されました。

リスペクト型マネジメントの視点

経験のある保育者とのチーム保育は、新人保育者にとって安心感はあるものの、自分の役割を見失ってしまうこともあるでしょう。そこで、上手に新人保育者の出番をつくることがとても大切です。抽象的ではなく、具体的なポイントがわかると、より手が出しやすいでしょう。特に保護者との懇談の前など、事前に準備しておくことを具体的に伝えると、安心感につながりますね。

クラス全体に目が向く時期。サポートも変化させて

担任になって3か月。新人保育者は今まで自分の目の前の子どものことで精一杯だったのが、少し視野が広がって、クラス全体の子どもに目が向くようになります。すると、目のつけどころが変わり、悩み事も室内環境や子どもとのかかわり等へと変わってきます。それに合わせて、先輩保育者のサポートの仕方も変化させていきます。

朝の時間

今日は送迎は利用せず、私が迎えに来ます

少し風邪気味なので様子を見てください

ハイ

ハイ

①

バタバタ

バタバタ

②

③

帰りの時間

先生 うちの子体調どうでしたか？

え…？ 体調悪かったのですね

え…？

④

迎えに来ました！

あ… 今日お迎えでしたか

え…？

⑤

朝、保護者の方から聞いていたのにユウコ先生に伝え忘れました

ついついバタバタして忘れてしまうこともあるよね

⑥

でも、保護者の方もマホ先生を信頼して伝言しているので、不信感につながってくると悲しいよね

メモ

これからは、すぐにメモを取ったり、ホワイトボードに書き込んだりして、ユウコ先生に伝えるのを忘れないよう気をつけます！

伝言

⑦

保護者との信頼関係は大切に

見守りのポイント

1 子どもの姿からコーナーを考える！

室内環境やコーナーづくりに日々悩む姿が見られます。先輩保育者は新人保育者が子どもの姿を捉えられるように、「今日の子どもたちはどんな遊びをしてた？」「何に興味があるかな？」「じゃあ、何があると夢中になりそうかな？」と、新人保育者との振り返りのなかで“子どもの姿から”コーナーを考えられるようにヒントを出します。そして、新人保育者が考えたコーナーで子どもが夢中になっている姿から、自信ややりがいにつながるような声をかけて、次への意欲を育てます。

2 視野が広がり悩みが変化！　成長を共に喜ぶ

担任として前に出る機会が増えてくると「全体」と「個々のかかわり」の悩みが出てきます。全体を見るべき時に、周りの状況に気付けず1対1のかかわりになってしまい、それに時間を取られたり、今何をするか、何からしたらよいかの判断が難しく、優先順位がわからなかったり。そんな時は新人保育者が周りの様子に気付けるような声をかけて、優先順位を判断できるように促します。「何からしたらいいかわからなかった」という言葉が出てきたら、視野が広がっている証拠！　成長を喜びながら、臨機応変に動いていくことの大切さを感じてもらいます。

3 できたことから自信につなげる

保育参観や七夕祭り等の行事では、新人保育者も先輩保育者と共に保護者に向けて挨拶や簡単な説明などをし、保育を進めていきます。事前に指導案等で流れや言葉かけなどを確認しておきますが、保護者がたくさんいると緊張して頭が真っ白に！　言葉が出てこなかったり、流れがわからなくなったりする場面もあるかもしれません。

緊張しながらでも笑顔で保護者の前に立てたらOK！　先輩保育者はさりげなく言葉を補い、流れをフォローして、「できなかった」というだけの振り返りにならないように、緊張したことも頑張ったこともたくさん認め、できたことから自信につなげていくようにします。

1人の子に気を取られて全体が見えなかったり、全体に話していたら個々の子どもの様子がわからなかったりで、余裕がなかったです。水遊びで子どもと発散しました。水にふれることで私も夕方には眠くなりました。

リスペクト型マネジメントの視点

7月、少し慣れてきたとは言っても、そこに落とし穴があるものです。保護者からの口頭での連絡、ぜひメモしたいですね。この時期は現在の子どもの姿を捉え、具体的に環境を構成していけるようにサポートすることがとても大事です。また個別にかかわるべきことと全体を見渡して対応すべきことへのサポートも。でも、そう考えると、実習生に個と全体のバランスを求めすぎることは少し無理があるとも言えそうです。

8月 長期休暇は、知識や見聞を広げる時期に

1号認定の子どもたちのクラスの保育は夏休みとなり、長期休暇に入ります。この期間は新人保育者も、当番や研修はあるもののリフレッシュできる大事な時間です。新人保育者も先輩保育者も自分磨きの時間として知識や見聞を広げ、様々な刺激を受け、2学期からの保育に活かせるように過ごします。

1
夏休みに、旅行行けそう？
リフレッシュできそうかな？
はい！
同期と出かけます！

2
夏休み中に
うまく時間を使ってやっておくと
2学期から楽になるよ！
おもちゃの消毒
片付け
消毒
おもちゃ
書類作り
ピアノの練習

3
ピアノが苦手なので、
2学期からの曲も
練習しておきます！
そうだね！
よしっ

4
しかし夏休みは あっという間に…
オンライン研修に…
遊びに…
おもちゃの
消毒・整理に…

5
夏休み明け…
久しぶりに子どもたちの
前で弾くと緊張するね

6
ピアノの練習
全然できなかったです
計画って大事だよね！
保育と同じで見通しをもって
取り組むことが必要だね！

見通しをもって行動することは大事！

見守りのポイント

1 最初の節目を迎えて頑張りをねぎらう

1学期を終えて（最初の節目を迎えて）、新人保育者が毎日頑張ってきたことや努力したこと、無事に乗り切ったことをほめてねぎらいます。4月からの保育を振り返り、毎日必死に子どもと過ごしたなかで大変だったこと、クスッと笑えたこと、成長を感じたことなど子どもたちの楽しい話をしながら、新人保育者自身の成長もたくさん認めていきましょう。

1学期が終わり、保育という仕事の大変さを痛感している頃なので、仕事にやりがいを感じられるような「頑張ったね」という励ましや共感が特に大事です。

2 様々な研修で学ぶ

普段の保育とは異なる経験をしたり、様々な研修に参加したりしてスキルアップするのもこの時期ならでは。預かり保育で行う異年齢保育は、クラスの保育とは違った育ちや気づきにつながる機会になります。また、新人研修や乳児とかかわる保育園研修などの園外研修で学んだことを、夏休み後に職員間で伝え合いアウトプットすると、さらに自分の中に取り込んでいくことができます。

自主研修のレポートをA4サイズの用紙1枚にまとめて提出すると、学びや経験をまとめて記述する練習にもなります。

3 仕事とのメリハリをつけて、自分自身をリフレッシュ！

少しまとまった休暇を取れたら、自分自身の教養を深めたり視野を広げたりするチャンス！旅行や趣味に、リフレッシュして楽しい時間を過ごすように声をかけておきます。休み明けには職員間で3分間スピーチを行い、休暇で感じたことや保育に活かせることを伝え合います。遊びのなかでも保育のヒントはないかなと、頭の片隅に思いながら過ごせるとよいですね。

スピーチは決まった時間で話をまとめる訓練にもなります。先輩の話からも刺激が得られるようにしましょう。自分の夏休みの体験を子どもたちに話すのもよいでしょう。

夏休みはたくさん遊びました！学生時代の友だちと会い、頑張っている話などを聞いて刺激を受けました！ 年齢の近い先輩や同期と遊びに行き、プライベートな話もして仲よくなれたことがうれしかったです。

リスペクト型マネジメントの視点

初めての長期休暇、計画的にいかない場合もありますよね。私が現場にいた頃、長期休暇の旅行で拾ってきた貝殻やその地方の珍しいものをいつも保育の場に持ち込んでいた先輩保育者がいて、子どもに好評で、私もまねをしていました。リフレッシュと保育がつながっているのです。そうした先輩保育者のすてきなモデルが、若手にも影響を与えるといった面もあるのかもしれませんね。

久しぶりの保育に楽しく向かえる雰囲気づくりを

夏休みも明け、久しぶりの保育に新人保育者は緊張気味。子どもにするのと同じように、夏休みにどう過ごしたかなど興味をもって尋ね、緊張をほぐして楽しく保育に向かえる雰囲気をつくります。プライベートの話も先輩保育者からオープンに話すことで、心を開いて話してくれるようになります。

❶
今日は先生はみんなと変身ごっこをしたいと思います

❷
それで
ーえーとえーと
最初はグループに
分かれて…
そしたらみんなで
えーと
あー…
なんだっけ？
・・・・・

❸
何を話していたかわからなくなりました〜
ユウコ先生はどうして話がわかりやすいのですか？
話したいことを順番に書いてまとめているよ！
話すこと
入浴中や通勤途中などに、練習してみたらいいよ！
先生は夏休みに…

❹
やってみます！
こんな感じかな
日案

❺
子どもたちにわかりやすい言葉になっているね！
あとは声に出して練習ね
はいっ

❻
朝・通勤中…
みんなおはよう
2学期の遠足は…
ブツブツ

話の伝え方も練習あるのみ！

見守りのポイント

1 あれっ!! 4月の状態に戻った!? 緊張した姿

４月からの４か月で成長した新人保育者。７月の終わりにはその成長を先輩保育者は自分のことのように喜び、１学期を終えました。

長期休暇を経て９月が始まりますが、最初の数日は子どもの前に立つと緊張したり、言葉がうまく出なかったり……。子どもと一緒で、新学期はペースを取り戻すまで時間がかかるもの。焦らずに、楽しんで保育ができるように見守り、励まします。

新人保育者と心を通わせて関係性をつくることがより良い保育につながります。

2 2学期の見通しをもてるように

２学期は行事が多いので、新人保育者に大まかな予定を伝え、見通しをもって保育を進められるようにします。日々の保育計画はもちろん一緒に立てますが、新人保育者が少し先の見通しをもちながら、子どもたちの成長過程をカリキュラムや期案なども見てイメージし、保育を進めていくことができるようにします。

新人保育者に伝える際には、これからの様々な行事を楽しみに感じられるように、子どもの様子や成長する姿の予想を含め、ポジティブな話をたくさんします。２学期の保育を楽しみに思えるようにしていきましょう。

3 子どもと一緒にとことん楽しもう！

季節も良く、水遊び、絵の具遊び、泥遊びなど、豪快な遊びが増える9月。保育者が思い切り遊べなければ、子どもたちも楽しめません。「汚れるのに少し抵抗あるな」「どこまでやっていいんだろう」。そんな新人保育者の不安や心配を払拭して、自分を解放して楽しめるように先輩保育者が手本となります。先輩保育者は“鳥の目”で子どもたち全体を俯瞰したり、“虫の目”で夢中になっている子どもを見て一緒に遊び込んだりし、新人保育者の様子を気にかけながら、一緒に楽しみましょう。

久しぶりに子どもたちと会えてうれしかったのに、前に出ると緊張して頭が真っ白になってしまいました。でも、久しぶりに会う子どもたちが4月より成長していることを感じ、私も成長しよう！とパワーをもらいました。

リスペクト型マネジメントの視点

２学期のスタートです。保育の仕事に慣れてきたとはいえ、まだ１年目。子どもの成長と同じように、新人保育者の成長も「行きつ、戻りつ」するものです。「前にも言ったでしょ」ではなく、毎回毎回、丁寧に寄り添ってくれる先輩保育者がいることは大きな支えに。悩みをしっかりと受け止め、さらに「こんなふうにしてみたらどう？」というポイントを押さえたアドバイスは、新人保育者にとって次への意欲につながりますね。

自分で進めようとする姿を認め、自信につなげて

行事が多いこの時期、クラスだけでなく学年全体や兄弟学級の子ども、保護者など大勢の前で話す機会が増えます。緊張のなかにも"自分で進めなければ"という自覚が出てきている新人保育者を先輩保育者が見守り、補い、自信につなげていきます。悩み事が目先のことから全体のことに変わってくるのもこの頃です。

降園時

最近うちの子が家で、運動会の練習中にリョウくんとけんかをしたと言うのですが……

そうなんです～！よくけんかしてますね！

えっ！　そうなんですか！心配です

あっ、でも仲良しなんです！大丈夫です！

保育後

タケルくんのお母さんが心配そうな顔になってしまいました

伝え方が難しいです

難しいよね～
けんかするのは友だちに目が向いてきた証拠だし、自分の思いを相手に伝えられるようになってきたからできること
成長してるよね

ですよね!!

ユウコ先生のようにプラスに聞こえる言葉を返して、安心してもらうことが大事ですね

でも、難しい……相談や悩みへの対応が本当に難しいです

はぁ～

難しい時は「難しいですね～」、わからない時は「わからないので先輩に聞いておきますね！」と素直に伝えて、

その後きちんと対応することで、安心してもらえるよ

そっか!!

そうなんですね！頑張ります！

悩み事には普段からプラスの言葉で返す

見守りのポイント

1 新人保育者の提案を一緒に具体化して自信につなげる

子どもが園庭での遊びや散歩中に木の実など秋の自然物集めをする姿が出てきたら、日々の振り返りやカリキュラム会議などで、「子どもたちが集めた物でコーナー遊びができたらいいね」などと話をします。そうした先輩保育者からの投げかけに、新人保育者は本やインターネット等で調べ、自分なりに製作コーナーを提案してきます。

新人保育者の提案をそのまま実践することは難しいですが、提案してくれたことを喜び、一緒に考えながら、さらに子どもたちが取り組みやすいようにアドバイスし、「提案してきてくれたことを一緒に具体化」していきます。そして、実際にコーナーで子どもたちが楽しく遊んでいる姿を見て共に喜び、やりがいや自信につなげていきます。

2 子どもに育ってほしいもの、育てたいものを意識できるように

新人保育者にとって初めて経験する大きな行事の1つが「運動会」。かけっこやお遊戯など、子どもたちが「やらされている」と感じるのではなく、「やりたい！」と思えるように、様々な工夫をして気持ちを盛り上げていけるようにします。保育者がお遊戯のテーマに合わせた変装をしたり、お遊戯の世界の架空のキャラクターから手紙やプレゼントが届く準備をしたりし、子どもたちのイメージを膨らませながら新人保育者も一緒に、物語の世界に入って楽しめるように進めましょう。

行事をこなすのではなく、行事を通して子どもに何が育ってほしいか、何を育てたいかを意識することの大切さを感じてもらえるようにします。先輩保育者は手本となって盛り上げ、子どもの育ちを伝えていきます。大きな行事では、子どもはもちろん、新人保育者にも行事を通して何が育ってほしいか、何を育てたいかを意識してかかわっていくようにします。

3 緊張する場面で保育を進める経験を重ねる

行事の時には、子ども全体の前や保護者の前に立つことが増えます。クラスの子どもの前や、保護者との1対1の会話では少しずつ自信をもって話せるようになってきていますが、改まった場面では緊張で言葉が出ないことも。事前の打ち合わせはもちろん、その場で何か困った時のフォローも丁寧に行いますが、実際に経験することが何より大切です。

予想とは違う子どもの姿も必ず出てくるので、振り返りでは臨機応変な対応の難しさを感じることになります。人前に立って保育を進める経験を増やし、その都度、できたことや前回よりうまくいったことなどを認めて、自分で振り返ったことを次に活かせるように励まします。

保護者が私を信頼して悩みを打ち明けてくれるのはうれしかったのですが、どう答えていいのかわからなくて顔が引きつっていたと思います（笑）。どんな相談にも先輩が肯定的に返してくれるので相談しやすかったです！

リスペクト型マネジメントの視点

保護者とのコミュニケーションや相談は、経験の浅い保育者にとっては大変ですね。今回のマンガのように失敗から学ぶことも大切。この先輩保育者のように「プラスの言葉で返す」ことが重要だと気付くことがいいですね。おそらく、先輩保育者は子どもの目線で答えていると同時に、親の気持ちに立って答えてもいるのでしょう。つまり、大切なことは、相手の立場に立って、受け答えすることなのだと思います。

11月 独り立ちに向けて経験を積む姿を見守って

２学期後半、先輩保育者は来年度に向けての焦りから「もっとこうしてほしい」など新人保育者への期待が高くなりがちです。とはいえ、新人保育者にとって初めてのことはまだまだ多いのです。独り立ちに向けて経験を増やしながら、自己肯定感が増していくように焦らず支えていきます。

子どもの興味・関心を理解できるように支えることが大事

見守りの
ポイント

1 行事の準備のなかで責任感をもてるように

11月は作品展などの行事も多い時期です。子どもの育ちを真ん中におきながら、行事までの進め方、取り組み方など事前打ち合わせをし、先輩からもたくさんアドバイスをして、見通しをもたせます。

新人保育者に自分のアイデアや思いを活かしながらクラスを"任される"という責任を感じられるように、任せられるところは任せると、自分で考えることや見通しをもって準備することの大変さを痛感するでしょう。先輩保育者は手助けしながらも、新人保育者が責任をもってやり遂げることで自信となるように支えていきます。

2 新人保育者の感覚的なかかわりを具体的な言葉に変える

製作のねらいや子どもの姿を伝えるドキュメンテーション作りをする時は、結果（作品）だけではなく、過程（製作をしている時の姿や育ち）を大切にしていることを保護者により伝わりやすくするために、内容や書き方などを相談しながら行います。

新人保育者は子どもとのかかわりが上手になってきているからこそ、子どもの育ちを無意識に捉えていたり、感覚的にかかわっていたりすることがあります。新人保育者が感覚的に感じ取っている「子どもの姿の見取り」を、先輩保育者は保護者にも伝わりやすい具体的な言葉に変えて、ドキュメンテーションにまとめます。その時に、新人保育者のかかわりを肯定的に認め、そのかかわりが子どもの育ちにつながっていることを伝えるように意識します。

3 コーナー活動を任せて見守る

秋の自然物を使ったコーナー活動が増えてきます。今までは相談して一緒にやってきましたが、この時期、自信をもち始めている新人保育者に、コーナーの１つを完全に任せてみます。準備や環境設定の仕方、子どもへの声かけや日々の振り返りなども、口出しはせずに見守ります。時にうまくいかないことがあっても、それも良い経験！　自信をなくさないように、その都度頑張りを認めます。保育中は自分が担当するコーナーにしっかりと向き合って進められるように、「ほかのコーナーは安心して任せて！」と先輩保育者から声をかけます。

「子どもの姿を見る」「子どもの姿から遊びを考える」ことが大切と頭ではわかっていましたが、今月の活動を通して「こういうことなんだな～」と実感できました。子どもが夢中になっている姿がうれしかったです！

リスペクト型マネジメントの視点

経験の浅い保育者ほど、「どんぐり＝どんぐり製作」と自分の知っている限られたパターンにもっていきがちです。先輩の保育者はそれを受け止めながらも、改めて「子どもの姿」を見てみることを提案しています。とても素晴らしいですね。「子どもの姿」を改めて見ることで、様々な可能性が広がることがわかる事例です。こうした「語り合い」が豊かな園ほど、「こんな見方も、こんなやり方もあるね」と多様な広がりが生まれます。

保育を楽しむ姿を認め、ほめて伸ばす

年末になり毎日の保育に追われながらも、保育を楽しみたい！と、新人保育者の意欲は高まってきます。子どもと一緒に遊び込んだり、様々なことに慣れてくるなかで、保育を楽しむ余裕が出てくるのです。子どもの姿から見通した保育計画も少しずつ立てられるようになっていきます。

ある日の園庭

①

マホ先生〜
おだんご作ったよ！

上手にできたね〜

②

マホ先生も子どもと一緒に
遊んでごらん！

保育者が入ることで
子どもの姿が変わってくるよ！

翌日

③

マホ先生、
一緒におだんご作ろう！

うん！
先生もピカピカのおだんご
作ってみるね！

よーし♪

④

あ〜〜!!

あれ!?
今までと子どもたちの
夢中度が違う!!

保育後

⑤

一緒に遊ぶと
子どもたちの遊びが
盛り上がりますね

これは私の作品です

そうだね
保育者の投げかける言葉で遊びが広がったり
刺激になったりするので、大事だよね！

⑥

はい！ これからも遊びが広がるような
言葉かけを意識してみます！

夢中になって遊び込んだ経験が
"こだわる" 姿に成長していくよ！

保育者のかかわり方で子どもの姿が変わる！

見守りのポイント

1 2学期の成長を認め、ほめる

行事が多かった2学期を振り返り、できるようになったことや上手になったことなど、成長を具体的にたくさん挙げてみます。その過程での努力や配慮を認めて、一緒に喜べるようにします。

また、子どもたちとたくさんの楽しい経験を共有していくなかで、子どもたちは新人保育者に親しんでくるので、「子どもってかわいい！」と感じることが多くなると思います。クラスの子どもとの信頼関係を実感することで、自信につながっていきます。自信をもって3学期を迎えられるように支えましょう。

2 個人懇談で保護者と話すことで自信に

保護者に話す内容を事前に打ち合わせたうえで、新人保育者にも子どものエピソードを具体的に伝えてもらうようにします。保護者との信頼関係もできつつあるので、1学期の個人懇談よりも話しやすくなり、保護者からの信頼も深まっていきます。

また、保護者からの悩みや不安に対して、保護者の気持ちに寄り添って表情や言葉を返せるように、事前に打ち合わせをしておくようにします。保護者からの感謝やねぎらいの言葉があれば、より新人保育者にとって自信につながることでしょう。

3 けんかの仲裁は、納得して終わっているかを確認する

子ども同士の関係が深まってくることで、けんかの場面が増えてくる時期です。新人保育者が仲裁に入ることも多いのですが、子どもが納得しているか、どこまで見守ればいいか、一人ひとりの状況に応じた声かけが難しいことがあります。口頭での相談では伝わりにくいので、けんかの仲裁の場面に一緒に入り、子どもへの声かけを実際に新人保育者に見てもらうようにします。新人保育者に任せられる時は任せながらも、子どもが納得して終わっているかを確認し、最後まで新人保育者に任せたままにしないようにしましょう。

今までも子どもと十分に遊んでいるつもりでしたが、自分が夢中になることで子どもの姿も変わってくることに気付けました。子どもと一緒になって遊び込む経験ができて良かったです！ そして何より冬休みが楽しみでした！

リスペクト型マネジメントの視点

新人保育者は、これまでクラス全員を把握し、理解することに懸命になってきたと思います。すると、どうしても一歩引いたかかわりが中心になってしまうもの。保育者になった当初の思いは、子どもとどっぷりかかわってその魅力を見出したいということだったかもしれません。その意味では、「泥だんごの遊びに入ってみては」という助言はとても良かったですね。きっと、子どもをより深く理解することができ、個人懇談の会話でも活かされるのではないでしょうか。

月

先輩より前に出て やってみる頑張りをサポート

いよいよ３学期。これまで先輩保育者と一緒にやってみるという心持ちでいた新人保育者も、今月からは先輩よりちょっと前に出てやってみるという積極的な心持ちで保育を進められるようにサポートします。先輩保育者は保育中、必要なところでフォローを入れられるように環境を意識していきます。

今日は私１人でも活動できそうだな

今日、ひよこ組とりんご組が
発表会の劇遊びの練習するって
言ってたよ！ 見て学んでくる？

えっ、いいんですか！?

うん！
同期のクラスや、
１つ上の先輩のクラスを見て
導入や言葉かけなど学んでおいで！

はーい!!
行ってきまーす！

同期のクラス

私と一緒で一生懸命だ

ここでトロルが・・・

１つ上の先輩のクラス

どうしたら
いいと思う？

なるほど！
こんなふうに伝えたら
わかりやすいんだな

メモ
メモ

保育後

ほかのクラスを見に行って
どう感じた？

安心したり、
言葉かけなど学んだりできました！

いろいろな保育を見て学ぶ経験も大切

見守りのポイント

1 次年度へ向けて自信をもてるように

次年度まであと３か月。１人担任や違う学年の担任になることも視野に入れながら保育をサポートしていきます。そのために、同期や先輩のクラスを見学する時間なども取れるとよいでしょう。

子どもに次学年に向けての期待と不安があるように、新人保育者にも「子どもと一緒にこんなことができるようになった！」という自信と「来年は自分が主担任で進めていけるのかな」という不安が入り混じっています。少しでも自信をもって２年目を迎えることができるように、この１年で伸びたところはたくさんほめましょう。主担任となって進めていくにあたり、新人保育者が苦手な部分に自分で気付き、工夫してより良いやり方を見つけられるようにサポートしていきます。

2 毎日元気に保育ができるように

感染症が流行りだす時期なので、子どもと同じように、新人保育者の体調にも気を配ります。保育者１年目は病気への免疫が少ないうえ疲れが出やすいので、どうしても感染症にかかりやすくなります。日々の様子をよく見て小さな体調の変化に気付けるようにしましょう。

また、子どもへの言葉かけと同じように手洗い・うがいを意識できるようにして、基本である“健康で毎日元気に保育ができるように”気を配ります。

3 新人保育者が考えたことを活かしつつ実践する

発表会に向けて、劇遊びが始まります。新人保育者は、冬休みの間にクラスの子どもの姿に合わせた劇の題材や台詞などを一生懸命考え、選んできます。冬休みが明けたら、それを実践してみます。子どもが取り組むには少し難しそうなことも、先輩保育者が初めから改善してしまうのではなく、新人保育者が子どもたちの姿を見て違和感をもったり、改善点に気が付いたりできるようにします。

自分のやりたいことを大切にして、新人保育者が考えたことを活かしつつ、子どもの姿とのズレがないか擦り合わせをしながら保育し、自分で進めている実感をもてるようにします。

あっという間に3学期を迎え、次年度に向けて不安になっていました。その都度、先輩に相談して助けてもらいました。共感してくれたり、ほめて自信につなげてくれたりしたのがありがたかったです。

リスペクト型マネジメントの視点

保育者が成長するうえで、子どもに向き合って実際に保育をするなかで学んでいく側面と、ほかの保育者のやり方を見て学んでいく側面があると思います。経験を重ねた保育者の場合は、外部研修や他園の公開保育などから学ぶこともあるでしょう。１年目の保育者の場合、１年近く経ってきたこの時期、園内でほかのクラスや保育者の保育を見ることがとても良いですね。この時期だからこそ、見えることもあるでしょう。

年度末に向けた不安も。成長を喜び自信につなげて

今年度も残り２か月。新人保育者は次年度に向けて、子どもと離れる寂しさと見通しがもてない不安を抱えて過ごしがちです。先輩保育者は新人の頑張りに「えらいな～」「すごいな～」「頑張ってるね」と同僚として尊敬の気持ちを伝えます。保育者としての育ちを認め、喜ぶその姿が、新人にとっての自信になります。

保育後の振り返り

遊び込める環境づくりって
難しいですね～

環境構成やコーナーづくりって
ほかの先生たちにとっても難しいよ

次の園内研修の事例検討で
取り上げてみよう！

えええ～
緊張します～

私もいつも難しいなあと思うけど
みんなの学びにもなるよ！

一緒に話すから、
マホ先生の悩みを
そのまま話したらいいよ！

ほかの先生たち

ハイ！

園内研修当日

クラスのコーナーづくりで
悩んでいます

はい、子どもたちが
遊び込めていない感じがします

どんな時にそう感じるの？

はい、例えばままごとの
コーナーで……

子どもの姿を
見ていると……

そして…

ですから…

研修終了後

緊張したけど、
講師の先生や皆さんの意見が聞けて
悩みがすっきりしました！

良かった！
明日からの保育に活かせるね！

研修を、保育を語り学ぶ機会とする

見守りの
ポイント

1 新人保育者が力を発揮できる状況づくり

新人保育者との関係も1年近くになり、先輩保育者は新人保育者のことをよく理解できるようになっています。保育を計画する時に子どもの姿を見取り、保育の手立てやかかわりを考えて保育するのと同じように、先輩保育者は新人保育者にどのような力が育っているか、どうすればその力が発揮できるかを見取り、考えて援助します。新人保育者がもつ課題は、本人が自ら乗り越えていくことが必要です。先輩が寄り添い、力を発揮できる状況をつくることで、新人の育ちを手伝うことになるのです。

園内研修で主体的に語る状況をつくるのも良いですね。

2 大きな行事を自信につなげる

2月には大きな行事である表現発表会があります。新人保育者も見通しをもてる計画を立て、安心して当日を迎えられるようにします。子どもはもちろん、新人保育者にも「みんなが成長したところ」「できるようになったこと」を伝え、当日はいつもの雰囲気で楽しめるように盛り上げます。

子どもたちが保護者に認められることで自信がもてるように、新人保育者も、保護者や同僚から認められることで、やり遂げたという達成感を感じられるようにすることで、自信につなげます。

3 成長を共に喜ぶ

1年で最後となる保護者との個人懇談では、保護者と共に子どもの育ちを振り返り、成長を喜びます。

先輩保育者は園での子どものエピソードを語るなかで、子どもの成長はもちろん、新人保育者と子どものやり取りの話を保護者に伝えます。保護者からもほめられたり、感謝されたりすることで大きな自信になるもの。子どもの成長を共に喜ぶように、新人保育者の成長も本人と共に喜べるようにしていきます。

大きな行事があり、プレッシャーがすごかったです。終わった後は解放された喜びで同期と飲みに行きました(笑)。会議などで意見を認めてもらったり、提案したことが実現したりし、ちょっぴり自信もついてきました。

リスペクト型マネジメントの視点

新人保育者だけでなく、経験を重ねた保育者にも悩むことはあるものです。園内研修などで、だれもがそうした思いを話せることが大切ですね。今回の話にあるように、解決の糸口は周囲の人に共感的に聞いてもらうことにあるのかもしれません。先輩保育者の助言が助けになることもありますが、むしろ新人保育者が迷いながら試行錯誤していること自体に、すでに素晴らしい答えの糸口があるのかもしれないということです。

1年間の頑張りを認め、新たなスタートを支える

いよいよ年度末になりました。来月には次年度が始まり、新人保育者にとっては2年目。希望と不安が入り混じった新たなスタートになります。自信と期待をもって新たなスタートを切れるように、先輩保育者はこの1年間の頑張りを認め、残り1か月を支えていきます。

3学期、振り返りの日

今年、頑張ったことやうれしかったことは？黄色付箋に書いてね

3年目

保護者にほめられた

2年目

子どもたちに大好きって言われた

1年目

①

うれしいね、それは自信になるよね～

じゃあ次は、難しかったことや悩んだことは？白い付箋に書いてね

チームフレッシュ

②

うまく時間が使えなかった

保育のレパートリーが少ない

もや～

……

③

あ～私も1年目の時、同じ悩み書いたわ

私もです！1年目あるあるだね～

チームフレッシュ

…

先輩たちも同じだったんですね！なんだか安心します～

④

じゃあ、最後に次への課題や目標、願いを書くよ

⑤

振り返りの発表

来年は保育のレパートリーを増やしたいです

先輩の保育をたくさん見て学びます！

よく頑張ったね

⑥

振り返り後

向上心がすごいよね～尊敬したよ～

私の1年目の時よりすごく頑張ってたよ～

マホ先生

毎日、保育準備頑張ってたよね～

ありがとうございます これからも頑張ります！

⑦

認められてほめられて自信になる

見守りのポイント

1 子どもたちが育った実感が自信へ

この時期は特に、子どもたちの成長を日々保育で感じます。先輩保育者は新人保育者と「子どもたち、育ったね～」「うれしいね～」「かわいいね～」と話をしながら、「○○先生があの時にこんなふうにかかわっていたから、育ったんだよ」と具体的なかかわりや環境の工夫、努力したことをほめ、子どもの姿を新人保育者自身の成長と重ね合わせ、共に喜び合います。「クラスの子どもの成長は、あなたが一人ひとりの子どもの成長を願い、こんなに頑張ったからだよ」と、認められることでさらに自信につながります。

2 「先輩になる」という意識をもたせる

次年度採用の新人保育者が、研修のために来ることもあります。右も左もわからない新１年目の保育者に、優しく声をかけたり保育のねらいを堂々と伝えたりする姿を見て、この１年間頑張って積み重ねてきた経験が活きて、しっかりと頼もしく成長していることを実感として伝えます。後輩を迎えるにあたり、自分の１年前の姿と重ねながら、できるようになったことやわかるようになったことを思い出し、成長を感じることでしょう。

3 感謝とねぎらいの言葉をかける

３学期の個人懇談やクラスのお別れ会などで、保護者の方から「先生のおかげでこの子の成長が見られました！」「１年間とても楽しかったです！」などと感謝の言葉をもらうことで、毎日の保育や保護者との信頼関係に改めて自信がもてます。１年間頑張ってきたことが、子どもにとってはもちろん保護者の方々にとっても、とても意味のある時間だったことを実感できるように、先輩保育者からもねぎらいの言葉をかけ、次年度への自信につながるようにします。

園全体で行う振り返り。新人保育者も頑張りを認められて次年度への自信につながる

園長先生や先輩から認められたことはもちろん、保護者からのねぎらいの言葉、泣いて離れたくないと言ってくれる子どもの姿が本当にうれしかったです！ しんどいこともあったけれど頑張って良かったと思いました。

リスペクト型マネジメントの視点

この園のように、新人保育者が先輩方からしっかり認めてもらい、支えてもらえる体制により、大きな成長がもたらされるでしょう。そして自分がしてもらったように、来年度の新人を支えるような循環が生まれることも素晴らしいことです。まさに園の風土ですね。おそらく支えている側の先輩もまた、新人を支えるなかで、自身が「育てられた」ということもあるでしょうね。まさに倉橋惣三が言うように、「教育はお互い」なのです。

園長も、先輩もみんなで見守る！
新人保育者育成の12か月のまとめ

せんりひじり幼稚園での取り組みでは、新人保育者の立場に立った育成の視点があり、それが養成の仕組みとして位置づけられていることは、画期的なことです。今後、このような取り組みが広がっていくことを望みます。

新人保育者育成の視点をもって同僚保育者がメンタリングを行うことの意義に関する研究があります（平林、2019）*。この論文では、メンター（先輩保育者）とプロティージ（新人保育者）が日々やり取りをする「振り返りノート」の分析を行っています。その結果、先輩保育者は新人保育者に対して、「推薦と可視性」（社会化を促す、将来の機会を見せる）、「保護」（介入する等）、「やりがいのある仕事の割り当て」（保育の進め方を示す等）、「役割モデリング」（メンターの視点を示す等）、「受容と確認」（支援し励ます等）の５つのメンタリング機能を見出しているのです。ここには、実に多様な、かつ大切な機能があることがわかります。まさに、この園の取り組みに共通しているのです。

＊：平林祥「新任保育者の成長に寄与する同僚保育者のメンタリングー振り返りノートの質的分析を通してー」保育学研究、第57巻第１号、2019

第4章

就職学生・実習生のためのリスペクト型マネジメント

リスペクト型マネジメントを進めていくなかで、就職学生・実習生へのかかわり方はどうなるのでしょうか。第４章では、園に学生を送り出す養成校の視点と受け入れる園の視点から、就職学生・実習生へのかかわり方のポイントをご紹介します。

執筆・協力　田澤里喜（玉川大学教授、学校法人田澤学園東一の江幼稚園園長）
聞き手　大豆生田啓友

[対談]

学生の声を受け止め、保育を語る園長のあり方が園の魅力に

リスペクト型マネジメントを実践するうえで、就職学生・実習生へのかかわりにはどのような課題があるのでしょうか。幼稚園園長であり、園に学生を送り出す立場でもある玉川大学の田澤里喜先生に大豆生田啓友先生がインタビューしました。

写真／渡辺 悟　構成／こんぺいとぷらねっと

ゲスト

田澤里喜先生

玉川大学教育学部教育学科教授。学校法人田澤学園東一の江幼稚園園長。大学卒業後、玉川学園幼稚部に担任として勤務。2015年に東一の江幼稚園園長就任。著書に『保育の質を向上させる園づくり』（世界文化社、2021）ほか。

保育内容を重視して園を選択

大豆生田先生（以下、大豆生田）：保育現場の人材不足について、田澤先生が日頃感じていらっしゃることを教えてください。

田澤先生（以下、田澤）：勤めている玉川大学には、たくさんの園や法人から毎日のように「学生が欲しい」「だれかいないか」という電話やメールが来ています。それがここ数年続いているので、保育者不足は深刻だという実感があります。都市部近郊では住宅手当などを出す自治体が増え、都市部に学生をとられてしまうため、地方は特に苦労しているようです。
大豆生田：養成校も減少し、学生の数も限られているなかで、園による人材の争奪戦が熾烈化しているということですね。私立と公立とではどうですか。以前は、保育者になるなら公立がいいと言われていましたね。
田澤：僕の肌感覚から言うと、今はそれほど公立優位ではなくなってきた気がします。公立、私立にとらわれず、自分にとって働きやすい園かどうかをきちんと見極めようとしている印象です。
大豆生田：学生はどのような園で働きたいと考えているのですか。
田澤：学生を対象に、就職を決める際に重視することは何かを調査したことがあります。その結果、いちばん多かったのが「園の保育内容」（P.78図1参照）。行事中心主義だとか早期教育を行っている園は好まれない傾向がありました。
大豆生田：学生が遊び中心の園で働きたいと思っていることの背景には、何があるのでしょうね。
田澤：ある調査では、保育者になると決めた理由も尋ねています。1位が「子どもの頃からの夢だった」で、なるほどという感じなのですが、2位が「授業を通して保育のおもしろさややりがいを知った」なのです。

ここにきてICTが普及して、授業のなかで写真や動画で保育の実践を目にする機会が増えましたよね。子どもの姿を見ることで心を動かされ、自分もこういうふうに子どもとかかわりたい、こういうふうに保育をしたい、と思えるようになったのかなと思いました。
大豆生田：保育所保育指針でも幼稚園教育要領でも、子ども主体の保育をうたっていますよね。養成校で学んできた学生が、遊び中心の保育をしたいと思うことは自然の流れだと思います。

人間関係の良い園で学び合い成長したい

田澤：学生が就職を決める際に重視することの２番目が「職場の人間関係」です。実は、養成校の学生のうち２年制の学生では「保育内容」を超えて、「職場の人間関係」が１番なんです。まだ20歳くらいだと、とても気になるポイントのようですね。一方、４年制の学生だと少し大人になっているので、仕事と人間関係は別ものだと割り切ろうとしている様子も見てとれます。

驚いたのは「職場の人間関係」のなかでも、園長の人柄や保育理解を重視すると答えた学生が70％近くもいたことです。園長によって園の雰囲気や保育は大きく変わると、学生は捉えているのです。

ある卒業生が「うちの園長はドアの開け閉めで機嫌の良し悪しがわかる」と言っていたことがありますが、保育者にとって園長は大いに気になる存在なのだな、と思いました。

大豆生田：園長のスタンスが職場全体に影響するということはありそうですね。だれだって仲の悪い職場で働きたくないですものね。

学生はどこで「職場の人間関係」の良し悪しを判断しているのでしょう。

田澤：先ほどの調査では実習を終えた学生に、実習に行った園の点数を付けてもらっています。低い点数を付けた学生の自由回答欄からは、その園の人間関係の悪さが見てとれました。例えば、実習生の前でも保育者同士の悪口が飛び交っていたとか、実習に来ていた学生を邪魔にする態度があったとか。

逆に、高い点数を付けた学生の自由回答欄には、保育者が優しくしてくれたというだけではなく、自分の課題を指摘してくれた、成長に向けて指導してくれた、といったことが書いてありました。

つまり、学生が求めているのは単なる仲良しクラブではなく、学び合い成長し合える場なのです。

大豆生田：待遇についてはどうですか。

田澤：高い給与を求める声はそれほど多くないんですよ。もっとも「最低いくら欲しいの？」と聞いてみたら、「200万円でいい」とか。「え？　それじゃ生活できないでしょ」みたいな答えが出てきたりするので、要するにみんなよくわかっていない。これについては、養成校でのキャリア教育が必要だなと思いましたね。

大豆生田：これからは、待遇に対する目がどんどんシビアになっていきますよね。今、園によって待遇の差がさらに開いてきていることに、学生も気付き始めていると思います。

田澤：そのとおりです。求人票の見方も変わってきていて、今までは額面の金額だけで判断しがちだったのが、それ以外の部分にも目を向ける学生が増えています。

従来型の実習からの脱却が求められている

大豆生田：学生が就職を決めるにあたって重視するのが「保育内容」や「職場の人間関係」であるならば、それを実際に見ることができる実習が採用活動に与える影響は大きいのではないかと思います。

田澤：養成校で「子ども主体の保育」を学んで、遊びを大切にする保育がしたいと思って実習に行ったら、授業と現場のギャップにショックを受けたという話は、時々聞きます。

もちろん保育の場面で疑問をもち、そこから考えること自体が学びなので、悪いことではないと思いますが。

大豆生田：一方で、現場からは、実習ってこのままでいいの？　一斉保育の責任実習、必要なの？　などという声が聞かれるようになってきました。

子ども主体の保育とか働き方改革が言われているなかで、実習だけは未だ「昭和型」が続いていることへの違和感があるのだと思います。

実際、保育のなかで書く日誌は効率化が進んでいるのに、実習の日誌は徹夜をしてでも書け、といった風潮があります。

田澤：実習では子どもとたくさん遊び、子どもから学んでほしい。でも、夜中の1時、2時まで日誌を書いていたら、翌日の体調に影響してしまい、肝心な子どもとのふれ合いが十分にできなくなる可能性があります。

大豆生田：実習の日誌については固定観念から脱却し、ICT化を含めた見直しを図っていったほうがいいですね。

田澤：うちの園で、実習に来た学生にドキュメンテーション形式で日誌を書いてもらったんです。そうしたら、実習を終えた後に学生同士が日誌を見せ合っている姿がありました。今まで、そんな姿は見たことがありませんでした。

ドキュメンテーション形式、つまり心が動いた場面を写真に撮って記録をしていくことは、人と共有がしやすいので、学び合いにつながりやすいのだと実感しました。

大豆生田：写真を見て対話をしながら指導ができるのは、園にとってもいいことですね。長い日誌を読んで赤字を入れるのは大変ですし。

田澤：対話によって、学生だけでなく園にとっても実習が学びの機会になっています。

保育者と学生がドキュメンテーションを見ながら笑顔で話しているのを見て、今まさに保育という仕事の素晴らしさを感じてくれているのだろうなと、うれしい気持ちになりました。

大豆生田：従来型の実習は、改革の余地がまだまだありそうですね。

田澤：私は常々、保育と人材育成は人を育てるという意味で同じだと思っているんです。

子ども一人ひとりを大切にするように、学生一人ひとりも大切にしてほしい。子どものつぶやきを拾って保育に活かしていくように、実習に来る学生のアイデアや意見を尊重してほしいと思います。

大豆生田：まさにこの本のテーマである「リスペクト」が大切ということですね。

園長が保育を語れるかどうかが人材確保の鍵になる

田澤：就職を決めるにあたり、園長の人柄や保育についての考え方を重視する学生が多いと言いました。それはつまり、園に見学に行った時、そこで園長が話す

言葉を非常に重く受け止めているということです。おそらく我々が考えている以上に、園長が人材確保に果たす役割は大きいのです。

思うに、園自慢などはほとんど響きません。学生が知りたいのは、その園がどんな保育観をもち、どんな保育をしているかということ。それについて園長がいかに丁寧に自分の言葉で学生に語りかけられるかが、人材確保の１つの鍵になると思いました。

大豆生田：園長自身の保育への思いが問われるわけですね。

田澤：そう思います。あとは園内を見せて回りながら、具体的な子どもの姿と結びつけた保育実践を紹介できるとより良いですね。

大豆生田：保育のことは主任に任せているという園長も多いようですが、これからは、それでは生き残れない、と。経営（運営）だけをやっていればいいのではなく、保育においても語る言葉をもっているリーダー像が大事になってくるのでしょうね。

田澤：そのとおりです。私も園長として学生と話をする機会がありますが、学生の目がいちばん輝くのは、保育室を案内しながら子どもの話をした時なんです。「ここで子どもがこんなふうに遊んでいてね」「保育者はこんなふうに対応してね」などと話すと、学生は本当に喜びます。みんな保育の話を聞きたいんだなと思います。

現場から保育の魅力をアピールしてもらう

大豆生田：話が変わりますが、就職・転職フェアってどうなのでしょう。学生だけでなく、中途採用なども含めた保育者向けの合同説明会がありますよね。採用につなげるために工夫できることはあるのでしょうか。

田澤：うちの園も出展したことがあります。なかなかおもしろいですよ。各園のブースが並んでいるので、それぞれの違いがよくわかるんです。

ある園のブースでは、ただ風船を配っていました。「近所にこんなにおいしいレストランがあります」と紹介している園もありました。おいしいレストランは確かに魅力的ですが、保育の部分を全くアピールしていない園が意外と多かったことにはちょっとびっくりしてしまいました。

うちの園はなるべく保育実践を紹介しようと思って、写真をたくさん持っていき、それを見せながら話をしたんです。園で働こうと思う人は、どんな保育をしているかに興味があるはずだと思いましたので。

大豆生田：もし「おいしいレストラン」に惹かれて就職を決める学生がいたとしたら、それはその園の価値観と合っているということなので、マッチングの方法としては正しいのかもしれません。

とはいえ、今はどこの養成校も、保育を良くしようと思って学生を育てています。保育に思いをもっている学生が増えているはずなので、勝負のしどころはやはり保育の中身なのだと思います。

先ほど園長がいかに保育を語れるかが大切だという話がありましたが、若手の保育者に語ってもらうのもいいのかな、と。現場がどれだけワクワクしながら保育をしているかが学生に伝わることで、学生の気持ちをつかめるかもしれません。

田澤：それはもう本当にそうだと思います。私も最近、園の若手職員に学生に向けて話をしてもらう機会をつくっています。

大豆生田：現場の話は学生を惹きつけますよね。自分と比較的近い年齢の保育者が何をどう感じて保育をしているかを知ることは、とてもいいことだと思います。ワクワクしている人の話を聞くと希望が生まれます。

課題を一緒に考え合う

田澤：もちろん百点満点の園なんかないので、こういうところで困っている、悩んでいるということがあるなら、そのまま話していいと思うんです。学生に対して一緒に考えてほしい、声を聞かせてほしいという姿勢があるといいかもしれません。

大豆生田：課題を一緒に考え合える関係性っていいですよね。現場と養成校の関係が少しずつそうなってきました。今までは、現場が養成校に対して一方的に頼みごとをするような関係だったのですが、最近は実習にしても連携しながら進められるようになってきています。

現場から「実習の日誌をドキュメンテーション形式でやってみたいのですが、どうしたらいいですか」という声が上がり、養成校が一緒になって新しい実習の形を模索しているという事例も聞いています。

田澤：ある学生が園見学に行った時、園長が「うちの園はこれからこういうところを変えていきたい」と話してくれたそうなんです。その学生は「私もそこに参加したい、園を変える力になりたい」と言って就職を決めました。それを言った学生もなかなかすごいなと思いますが(笑)、学生の声に応えて「じゃあ、一緒にやって行こうよ」と言った園長もすごい。どちらが上でどちらが下ではなく、人間として対等な立場で、保育の質を上げていこうという思いがつながることの素晴らしさを感じました。

大豆生田：そういう話を聞くと、改めて保育の仕事というのは魅力的だなと思いますね。保育の魅力を上手にアピールすることで、保育の仕事をしたいという学生がどんどん増えてくるといいなと思っています。

より良い園づくりのための就職学生・実習生受け入れの視点

就職学生・実習生の受け入れについては、どのような視点が大事になるのでしょうか。
ここでは、「保育者希望学生の就職意識」という切り口から３つの視点を取り上げます。

執筆　田澤里喜（玉川大学教授）

視点❶ 学生が就職を希望するプロセス

- □養成校の授業の変化で、園の見方も変わる？
- □実習日誌の書式に変化が起きている?!
- □責任実習も今や一斉保育だけではない？

→ P.75

視点❷ 園と学生の意識のギャップ

- □園の採用方法や学生の園見学はどうなっている？
- □学生が就職で重視している要素は何？
- □保育内容と学生の働きたい園はつながっている?!

→ P.77

保育者希望学生の就職意識とは？

視点❸ 園長のあり方

- □学生が就職先を検討する時、園長の評価は関係する？
- □学生が参考にする情報、SNSの影響はある？
- □養成校との関係はどう考えるとよい？

→ P.79

視点❶
学生が就職を希望するプロセス

学生は様々な学びを通して、保育のおもしろさと同時に難しさにも気が付き、「私は保育者になれるのか？」と悩みや不安を抱きつつ、それでもこの仕事の重要性を信じて保育職への就職を決めていきます。一方で、自分の適性は保育者以外にあることに気が付き、一般企業など保育以外の仕事に就く学生もいます。

学生時代には本当に様々なことがあるのですが、その「様々なこと」が保育実践現場の皆さんには見えにくく、だからこそ、就職に関するミスマッチが生じることがあるのでは？と、このテーマを書くにあたり考えました。

そこで、視点❶では、就職について学生の意識がどのように形成されていくのかを考えていきます。

保育とはその人のすべてが現れやすい仕事です。だからこそ、生活、体験のすべてが「保育者養成」につながるとも言えるのですが、ここでは、焦点を養成校での授業に絞って述べます。実は、授業でも、昔より「様々なこと」が起こっているのです。

その１つが、保育実践を数多く授業で見られるようになったことです。デジタルカメラやスマートフォンなどの普及、さらに、多くの養成校の大半の教室にはプロジェクターが設置されていることから、今の学生は写真や動画で具体的な保育実践を見ることができるのです。これらの機材がなかった昔では考えられないことですが、**今の学生は、様々な保育の場面を具体的にイメージしたうえで就職を意識していく**のです。

園と養成校の協働で授業のあり方が変わる

2020年度からは新型コロナウイルスの影響で、授業の形もずいぶんと変わりました。これは悪いことばかりではなく、学生の就職意識に良い影響を与えるような側面もあったと感じています。

例えば、私の授業での実践ですが、緊急事態宣言で在宅勤務になった幼稚園の先生にオンラインで授業に参加してもらい、実践現場ならではのリアルな話をしてもらいました。実際に大学まで来てもらうのは大変ですが、オンラインではそのハードルも下がりますから、今後、こういった機会は増えてくるかもしれません。

また、立場を変えて、幼稚園の園長として洗足こども短期大学の実習事前指導の授業に協力させていただきました。私が撮影した自園の保育室や園庭環境の動画を教材とし、私と短大の先生方とで動画を解説しながら、学生が保育における環境の意義を考え、環境構成図を作成するといった内容です。

本当は、学生が実際に園に足を運ぶのがよいのでしょうが、実践現場と養成校の協働で、限られた条件のなかでも学生が実践現場を少しでも具体的に知り、保育の本質にふれることができるよう工夫をすることは、これからの養成教育のあり方を考える一策だと思います。

実習も変わる

授業で具体的に実践を感じられるようになった現状についてふれましたが、今も昔も学生が保育実践をいちばん感じられるのは「実習」です。以前よりもインターンシップやボランティアなど、学生が実習以外で保育実践の現場に足を運ぶ機会は増えましたが、今も実習は学生にとって特別です。

その実習も変わりつつあります。**近年、保育の質の向上の議論が活発になり、保育が変わり、それに合わせて実習も変化**しようとしています。

例えば、実習日誌は、写真などを活用した「ドキュメンテーション型日誌」など形式自体の再検討がされていますし、責任実習のあり方も変わってきています。以前は、いわゆる「一斉活動」を経験することが責任実習の大きな課題の１つになっていましたが、子ども主体の保育を考えた時、一斉保育だけが主活動ではないはずです。そこで、責任実習そのものも、子どもたちの興味・関心や、その時の子どもの気づきに合わせた環境の再構成などへと内容が変わってきています。

学生は、実習で心が動き、保育者の仕事がおもしろく、また奥が深いものであることに気付くことで、「保育者になりたい！」という思いをさらに強くします。

しかし、その実習での体験が、養成校で学んできたことと違っていたらどうでしょうか。授業で具体的に現場を感じてきた学生が、「授業で見た実践と違う」と感じたら……。これらが保育者への就職意識に影響しないわけがありません。

そこで、視点❷では、学生の就職意識に焦点を当て、こういったギャップが生じないための実践現場のあり方について考えていきたいと思います。

なぜ衝立で囲まれているの？

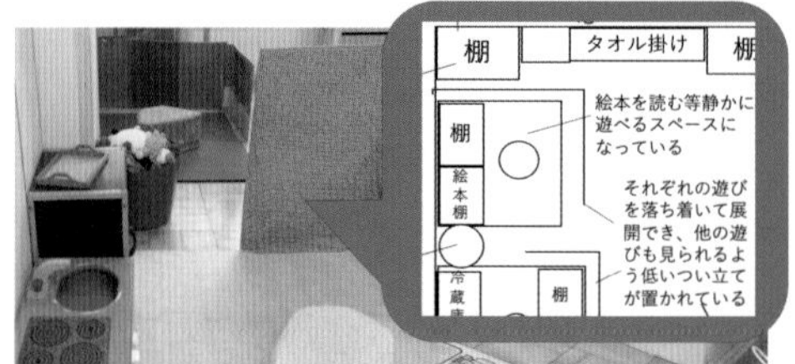

洗足こども短期大学の実習事前指導で使用した配信映像の一部

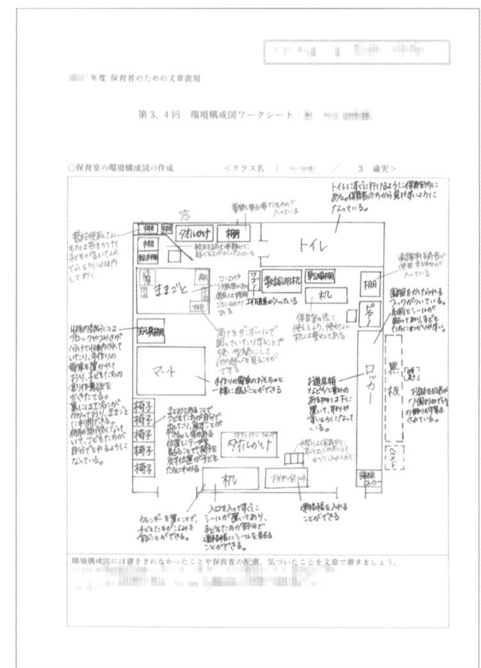

学生に課された「環境構成図ワークシート」の課題

視点❶ チェックリスト

- □ 今の学生は授業で、写真や動画などにより様々な保育実践を見ている。
- □ 実習日誌は、写真を活用した「ドキュメンテーション型日誌」など形式自体も再検討する。
- □ 「一斉保育」だけではない責任実習のあり方を検討する。

視点❷ 園と学生の意識のギャップ

視点❶では、養成校の授業などが以前に比べ変わってきたことについて書きましたが、保育者（主に私立園）希望学生の就職活動のあり方もここ数年でずいぶんと変わってきました。これは、園と学生・養成校双方の変化によるところが大きいです。

まず、園側ですが、待機児童問題解消のため、新規園が増え、株式会社や多施設経営の法人も増加しました。また、保育者の早期離職の課題は未だ解決したとは言えず、これらが要因となり、全国的に深刻な保育者不足になっています。

この状況のなか、各法人、園が工夫し採用方法が多様化してきました。例えば、地域などでの就職フェアの実施やネットを利用した採用活動などがすぐに思い浮かびますが、新型コロナウイルスの影響もあり、採用方法は今後さらに多様化していくことでしょう。

もう一方の学生・養成校側ですが、以前は１園もしくは２園を見学して採用試験を受けることが多かったのですが（園側が見学をあまり認めなかった時期があったことも関係します）、**今はさらに多くの園を見学する学生が多い**です。採用試験受験園を決める時期はあまり変わっていないと感じているので、就職活動のスタートが早くなってきたということでしょう。

このように就職活動のあり方が変わってきているなかで、現場の先生からは「学生が見学にすら来ない」「見学者が受験しない」という声を聞くことがあります。学生は何を基準に見学する園、就職したい園を選んでいるのでしょうか。

就職で学生が重視すること

2020年３月に『採用と育成の好循環を生み出す園長の仕事術』（中央法規出版）を、若月芳浩先生（玉川大学）と共に出版しました。多くの現場の先生が悩む「採用」と「人材育成」について、少しでも応援ができればとの思いから、様々な立場の先生に協力いただき、できた本です。この中で、「学生の仕事や園を選ぶ今日的な基準」、つまり、今どきの学生の就職に対する意識についてアンケートを行いました。

残念ながら専門学校の学生を対象とすることはできなかったのですが、４年制大学５校、短期大学４校、516名の学生から回答をいただくことができました。ただし、回答した学校の所在地が東京、神奈川でしたので、都市部の大学に通う学生が対象と限定的になります。しかし、結果を見ると、全国的な傾向とあまり変わらないと個人的には考えています。

このアンケートで、「就職したい園を検討する時、重視することはなんですか？」という質問に、いくつかの項目から、重視することの上位３番目までを選んでもらいました。その結果が図１、２（P.78）になります。四大生の半数以上が「保育内容」と回答し、次に多かったのが「職場の人間関係」でした。一方の短大生は、「職場の人間関係」「保育内容」の順に回答が多かったのです。つまり、**学生は保**

図1　四大生がいちばん重視すること

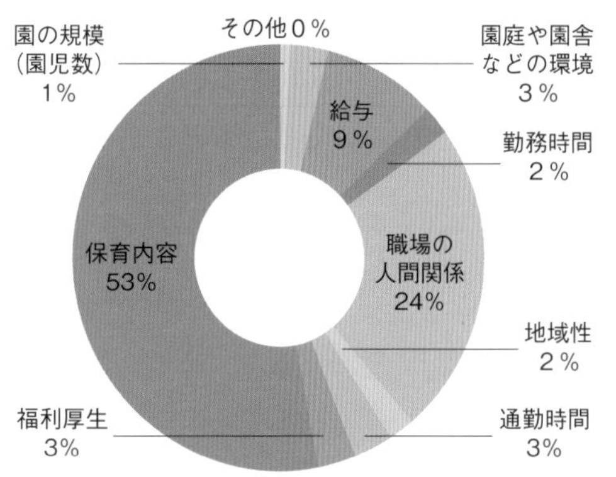

図2　短大生がいちばん重視すること

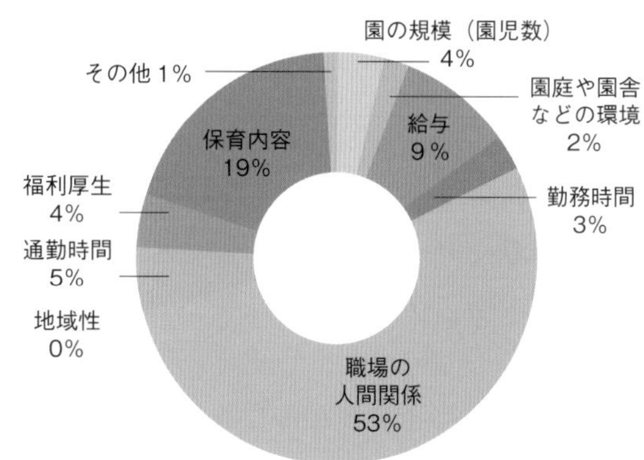

出典：田澤里喜、若月芳浩編著『採用と育成の好循環を生み出す園長の仕事術』（中央法規出版）P.75

育内容と職場の人間関係を最も重視して見学する園、就職したい園を検討しているということになります。

保育内容・働きやすさと採用の関係

「保育内容」といってもその内容は様々ですが、**多くの学生が、子ども主体であり、遊びを大切にしている園で働きたいと考えている**ようです。学生は授業などで、子ども主体の保育について実践事例を通して考えるなど多様な学びをしています。ですから、園のホームページを見たり、見学したりした時に、その学びとのズレを感じたら、採用試験を受けるところまでいかないでしょう。

つまり、どんなに採用方法を工夫しても、保育が旧態依然で保育者主体であれば、学生は就職したいと思わないのです。

また、人間関係ですが、学生が理想とする人間関係は多様でした。こちらは視点❸で詳しく述べますが、何も、就職する園に友だちを探しに行くわけではないことは学生もわかっています。

「今どきの学生はSNSでのコミュニケーションが中心で人間関係が希薄だ」と言う人もいますが、人とのかかわり方が以前よりも多様になっただけで、本質はそう大きく変わりません。もしかしたら、学生の人間関係を「希薄」としてしまう大人のほうが、様々な世代との関係性理解に課題があるかもしれません。

少々、厳しい言い方になってしまいましたが、**学生に選ばれる園、子どもの主体性を大切にする園、保育者が働きやすい園は、それぞれ違うのではなく、つながっている**ということを理解してほしいのです。保育の質の向上を目指すことが、実践現場と学生の意識のギャップをなくす最善の方法なのかもしれません。

視点❷ チェックリスト

- □ 採用方法が多様化していること、複数園を見学する学生が多い状況がある。
- □ 学生が就職したい園を検討する時は、保育内容と職場の人間関係を重視している。
- □ 保育内容と学生の働きたい園はつながっている。

視点❸
園長のあり方

視点❷では、学生が就職したい園を選ぶ時、「保育内容」と「職場の人間関係」を最も重視していると書きました。この根拠となる拙著、『採用と育成の好循環を生み出す園長の仕事術』のアンケートでは、「次の園は就職園として望ましいですか？」など、いくつかの保育内容について「望ましい」から「望ましくない」までの５段階尺度で学生に聞いています（アンケートの詳細については視点❷を参照してください）。

その結果が図３（P.80）になりますが、「遊び中心のカリキュラム」の園に就職したいと考えている学生が多いことがわかります。現に学生から「授業で見た事例のような園に就職したい」と言われることは多く、遊びの中の学びの大切さをよく理解しているからだと思います。

また、「保育に地域資源を活用している」に「望ましい」「少し望ましい」と回答している学生が多いのには少し驚きました。地域資源の活用は言うまでもなく、保育の質の向上を目指すうえで検討すべき１つの要素でもあります。これは視点❶でも書いたとおり、多くの実践を授業で見ている今どきの学生ならではの意見と言えるかもしれません。

園長の人柄と保育理解

また、「就職する園を選ぶ時に重視すること」を項目ごとに、「とても重視する」から「全く重視しない」までの５段階尺度で聞いています。

「温かく受け入れる先輩」や「相談できる同期」を重視する学生が多いことは予想通りでしたが、**「園長の人柄」「園長の保育理解」がかなり重視されている**ことがわかり、この点は、失礼ながら予想外でした。

園長の人柄が職場の雰囲気に大きな影響を与えること、園長の保育理解が保育内容の方向性を決めていくことを学生もよく理解しているのでしょう。つまり、学生が就職したい園を選ぶ鍵の１つは「園長にあり」とも言えるかもしれません。

園長の役割は多岐にわたります。特に採用に関しては、募集・人事計画や採用試験内容の検討など頭を悩ますことも多いです。しかし、就職において最も大事な園長の役割は「保育を伝える」ことでしょう。園長が保育の本質を理解し、園での実践を伝えることが保育者になりたい学生の心に響くのです。

以前、「保育を新しくしたいという園長先生の思いと行動力に感動した」ということで就職園を決めた学生がいました。旧態依然としたままでなく、向上させようとする意欲と行動に未来を感じたのでしょう。

しかし、ここで伝えるべきは自園自慢ではありません。保育の本質に応じた実践を伝えるということです。私立園は独自性も大事ですが、同時に公共性も大切にしなければなりません。要領・指針を踏まえた園での実践を園外に伝えることは採用に限らず大事なことです。

なお、就職を検討している学生は必ず園のホームページを見ます。そこで、ど

図3　次の園は就職園として望ましいですか？

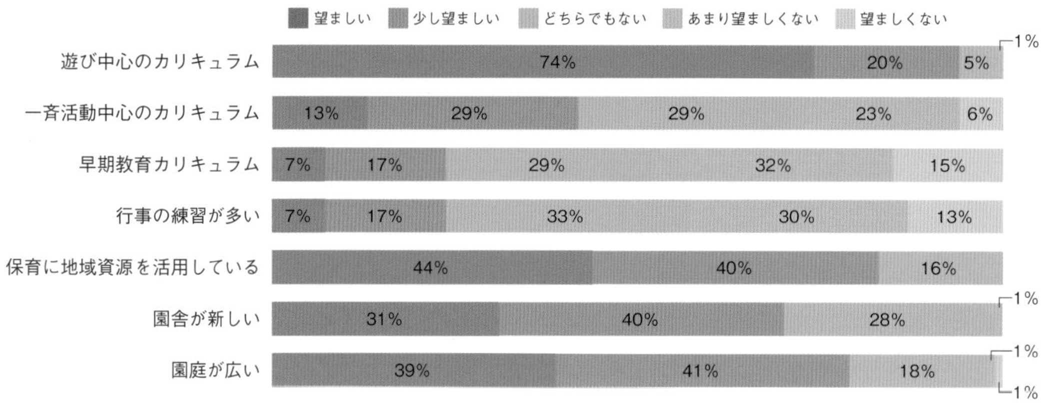

んな保育か見ています。ホームページがないという園は今やほぼないので、ここでの差別化は難しいです。ですので、最近は、ブログやSNSなどで発信している園長先生も増えていて、それを学生は参考にしています。最近では、園のインスタグラムを通して採用できたという園長先生もいました。

養成校の課題と園と養成校の協働について

以上、3つの視点から「就職学生・実習生の受け入れ」について書いてきましたが、養成校に課題がないわけではありません。

養成校側の課題としては、学生へのキャリア教育の不十分さがあるように感じています。「働く」ことに対する教育の必要性は言うまでもないですが、例えば、求人票の給与の見方がわからない学生は実は多いです。また、処遇改善費など求人票だけではわかりにくいこともありますから、こういった金銭にかかわる指導も必要なはずです。さらに、人材紹介会社が増えてきているなど、求人状況が近年ずいぶんと変わってきましたが、養成校がこれに対応できているか疑問です。

もし、今後、求人活動の多くが人材紹介会社経由となった場合、園側の負担が増大するのは明らかです。そうなる前に、養成校が活動についての指導やアドバイスを今の状況に応じたものにしていく必要があります。

そういう意味で、就職学生・実習生の受け入れについては、**今後は園と養成校が協働しながら、課題を一緒に考えていくことが、ますます重要に**なってくると思います。

視点❸ チェックリスト

- □ 学生が就職したい園を検討する時、「園長の人柄」「園長の保育理解」も鍵になる。
- □ 学生が参考にする情報は、園のホームページのほか、ブログやSNSなど多様化している。
- □ 今後は園と養成校の協働が大事になる。

第5章

リスペクト型マネジメントのための労務管理

リスペクト型マネジメントを進めていくなかで、労務管理の果たす役割は重要です。第5章では、労務管理の専門家である社会保険労務士の視点から、より良い園づくり、職場づくりのための課題を探り、改善するためのポイントをご紹介します。

執筆・協力　菊地加奈子（社会保険労務士法人ワーク・イノベーション代表）
聞き手　大豆生田啓友

［対談］

一人ひとりの良さを活かすために 労務の面から仕組みづくりを

「保育者一人ひとりを尊重してかかわる」リスペクト型マネジメントを実践するうえで、労務面ではどのような課題が今、あるのでしょうか。自ら園経営も手がける社会保険労務士の菊地加奈子先生に大豆生田啓友先生がインタビューしました。

写真／渡辺 悟　構成／こんぺいとぷらねっと

ゲスト
菊地加奈子先生

社会保険労務士法人ワーク・イノベーション代表。自身も保育園の経営を行っている経験を活かし、社会保険労務士として全国の保育園の労務管理・給与計算・処遇改善等加算・キャリアパス・人事制度構築の支援を行い、セミナーも多数登壇。働き方に関する国の会議の委員なども務める。

人材確保につながる 働きやすい職場づくり

大豆生田先生（以下、大豆生田）：子ども一人ひとりを大切にするのと同じように、保育者一人ひとりも尊重してかかわろうというのがリスペクト型マネジメントの根底にある考え方です。保育者を尊重するということのなかには、直接的なかかわりだけでなく、働きやすい職場づくりも含まれます。

働きやすさの問題は、園の持続可能性とも関係の深いテーマです。特に最近は、どこの園も保育者不足で大変ですよね。保育者を確保するためにも、働きやすさの追求は必要不可欠だと思うのですが、労務管理の視点から見ていかがでしょう。

菊地先生（以下、菊地）：これまで保育園は休日がとても少なくて、一般企業は年間126日ぐらい休みがあるのに対し、保育園は100日を切るほどだったんです。でも、そのままだとだれも応募してこない。それで、休みはたくさん取れます、残業もありません、と書かれている求人票が増えてきました。

一方で、業務改善に取り組んでいるという声はあまり聞こえてこないのです。業務改善をせずに条件だけ整えようとすると、保育において大事にしなければならないことまで省くことになってしまいます。保育の質を落としかねないと、今非常に心配しています。

大豆生田：具体的に、どういうところが省かれてしまうのですか。

菊地：例えば、記録などの書類をICT化するのは良いと思います。でも、自分の考えを言語化する作業を完全に省いて、定型文を使ってしまうといったことは保育者のスキルアップにはつながらないのではないでしょうか。

大豆生田：保育者の働き方を考える時、いわゆる書き物をどうするかという話はいつも出てきますね。時間短縮は確かに大切なのですが、保育において記録のもつ意味は大きいですからね。

菊地：そうなんです。記録は、自分の保育を振り返り、より良くしていくために大切です。書き続けるうちに書くスピードは上がってくるはずなので、はじめは多少、時間がかかるかもしれませんが、ここは省いてほしくない部分です。

保育者がやるべき仕事を取捨選択して効率化

大豆生田：休暇がきちんと取れて、残業もなく、休憩時間やノンコンタクトタイムが保障されるには、どの部分を省けばよいのでしょうね。

菊地：保育者の仕事のうち、絶対に保育者がやらなければならない仕事とそうではない仕事がありますね。

賛否両論あると思いますが、もしかしたら、例えば掃除はだれかに任せてもよいのかもしれません。

大豆生田：保育者が生活の細部にまで手をかけることの大切さはありますが、限られた時間のなかで保育の質を高めるためには、取捨選択をしていくことも必要ですね。

菊地：記録にしても、手書きで書いて主任が赤を入れて、もう一度手書きで書き直させている園もありますが、それでは時間が取られすぎてしまいます。記録の意味を考えるなら、必ずしも手書きにこだわる必要はありません。

大切なのは自分の考えをアウトプットすること。その手段は問わないよと、柔軟に考えられるようになっていくといいですよね。

大豆生田：私が写真を使った記録＝ドキュメンテーションの活用を勧めているのは、それが子ども理解につながるとともに、時間を効率よく使えるようになるからなんです。

　これで仕事が楽になると捉える人もいますが、私は楽をしてほしいわけではありません。もしドキュメンテーションを活用することで時間が短縮できたとしたら、子どもについて考えたり、保育者同士で対話をしたりしてほしいと思っています。

菊地：そうですね。そして効率化と言えば、会議も変えられる部分が大きいと思っています。時間がないからと、伝達がメインになっている園が多いように見受けられます。会議はメモを取る時間ではありません。保育についてじっくりと語り合う時間になるとよいですね。

大豆生田：工夫次第で可能ですよね。事例を検討するにしても、まず事例の読み合わせをするところから始めるから時間がかかりすぎてしまうのです。あらかじめ事例を読んで自分の意見を付箋などに書いてきてもらい、会議ではそれを貼って議論するところから始めるという方法もあります。

菊地：議論するのもトレーニングが必要ですね。「どう思う？」と聞かれて、パッと答えられない保育者もいます。普段から考えていることを言語化する癖をつけておくとよいと思います。

大豆生田：空気を読みすぎて発言しにくい雰囲気があるのだとしたら、それも改める必要がありますね。

シフトを守り、休憩時間も保障する

菊地：シフトをきっちりと組んだうえで、各職員がそれを守るような組織づくりも重要です。というのも、保育者が少しずつ犠牲を払い、なんとなくやりくりしている園はとても多いのです。

　例えば、シフトでは8時から17時までの勤務だけれど、人が足りないから7時半には来ているとか、17時を過ぎたけれど目の前の仕事が終わらないから残るとか。各人の負担のうえにシフトが回っている状況をなくしていく必要があります。勤務時間が8時から17時までと決まっていたら、その中で仕事を組み立て、時間を決めて休憩時間も保障するのです。

　ちなみに「取れる時に交代で休憩を取ってね」というのが、いちばん良くないシステムです。子どもの状態に合わせることももちろん大切ですが、やはりタイミングを逃してしまいます。休憩はある程度、強制的に取ることが大切です。若い保育者は、自分からは絶対に「休憩に行っていいですか」なんて言えないですし。そこはリーダーが目を配ってほしいですね。
大豆生田：なるほど。「取れる時に」という話はよく聞きます。一見、柔軟で良さそうなのですが、休憩を取れなくさせているのは、実はその言葉だったんですね。
菊地：休憩を保障することで、保育の質も高まります。あらかじめ休憩時間がわかっていると、その時間まで仕事に集中できるのです。

実際、ある保育者は「あと1時間で休憩だと思うと、子どもたちと全力で遊べる。休憩が取れなかったり、いつ取れるかわからなかったりした時は、夕方まで体力を保たせるために力をセーブしていた」と言っていました。
大豆生田：そのほか処遇改善についてはいかがですか。保育者の収入の少なさが話題になっています。
菊地：保育者不足を解消するために処遇を上げていこうという流れがあります。でも、何もしなくても処遇が上がっていくのはおかしいですね。保育者自身も専門職としてスキルを高めていかなければなりません。

リーダーは、それぞれのスキルに応じた仕事の配分を考えていかなければなりません。例えば、新人が記録を書くために残業しているとします。そこで残業代を出さないのは、時代の流れに合いません。かといって、仕事が早くて時間内に記録を書き終えてしまう人が残業代をもらえないのは、不公平に感じてしまいます。リーダーは、どちらの人にもちょうど時間内に収まる仕事量と仕事のレベルを考えて割り振るべき。

それぞれの事情を共有しチームワークを高める

大豆生田：立場も年齢も家庭環境も違う保育者がたくさんいるなかで、それぞれの要望を聞きながらシフトを組むのは大変だと思います。多様性を活かしつつ、みんなが納得して働ける職場をつくるコツはありますか。
菊地：早番・遅番もできる人と時間帯に制限がある人の時給に差をつけることも、給料の面で公平性を保てますが、でも実際は、それだけではうまくいきません。出産や育児、介護など、いつ自分がその立場になるかわからないということを伝えながら、何かあった時には助け合えるチームをつくることが大切です。自分が大変だった時にサポートしてもらえたから、今度は自分がサポートしますと言い合えるような協力関係を築けると、みんなが生き生きと働けます。
大豆生田：どうしたら協力関係が築けるのでしょう。
菊地：職場でプライベートな部分は出さないほうがいいという考え方もありますが、それぞれの事情を言える範囲でオープンにし、何に困っているのか、どんなサポートが必要なのかをみんなで共有することも大切なことです。

自分がその立場にならないとわからないことはたくさんあると思うのです。例えば、独身の若い保育者に、子育てと仕事を両立させている人の苦労はわからないでしょう。だから、どこがどう大変なのか、なるべくリアルに話してもらうと理解も深まります。

リーダーは「大変だね」と受け止めたうえで、その人を特別扱いするのではなく、その状況のなかで100%の力を出せるように働きかけるとよいと思います。

大豆生田：まさにリーダーのマネジメント力が問われる場面ですね。

菊地：もう一点、持ち帰り仕事は良くないとされていますが、一概にそうとも言えません。育児とか親の介護とか家庭の事情によっては、早めに家に帰って落ち着いた時間に書き物をすることを在宅ワーク扱いにするほうがその人のためになるのかもしれません。

園にいられるのは６時間だけれど、夜８時から10時までならパソコンに向かえるのであれば、その２時間を足してフルタイムとみなすなど、それぞれの事情に合わせて柔軟に対応してもいいのではないかと思うのです。

大豆生田：なるほど。では、職員配置について課題だと感じることはありますか。

菊地：コロナ禍以降、いつでもどこでも仕事ができる時代になりつつあるなかで、保育は、この時間帯には保育者が何人、必ず園にいなければならないと法律で決められている、すごく厳しい業界です。特に早朝や夕方以降などの時間帯は、人が足りなくなりがちです。そこをいかにして埋めていくかが課題になってくると思うのです。

法律も絡む問題なので、私が意見を言える立場ではないとは思いますが、どうしても人が足りないのだったら、そこは保育者に限らず、地域のいろいろな人たちが園に入れるようになってほしいと思います。

大豆生田：なるほど。そういった柔軟性も必要ということですね。

子どもを真ん中に置き 園と保護者が一緒に子育て

菊地：私は保護者の立場であり、園を運営する立場でもあります。園をつくって改めて確信したのは、園は保護者と一緒に子どもを育てる場所だということです。でも、保護者の多くはそれをわかっていません。子どもをただ預かってくれる場所、保育サービスを提供してくれる場所として園を見る人も多いように思います。

園は、保護者のそういった意識を変えていく必要があると思うのです。保護者の要望をなんでも受け入れるのが良い園ではありません。子どものより良い育ちのために一緒に子どもを育てていこうね、だからできるだけ働き方を工夫しようね、と伝えられる園であってほしい。リモートワークなど柔軟な働き方が増えている時代において、朝は早く夜は遅くまで園が対応することは、決して当たり前ではないのですから。

もちろん、リモートワークはできない、働き方を変えにくい職種もあります。でも、全体として延長保育の時間帯に預かる子どもの人数が減れば、保育者もだいぶ楽になるのではないかと思うのです。

大豆生田：保護者の理解を得るためには、園という場所がどういう場所で、そこで子どもはどう育つのかを見える化することも大切になってきますね。

菊地：そうなんです。例えば、連絡帳。今日は○○公園に行きました、○○をして遊びました、だけでは、子どもが育ちつつある姿は伝わりません。靴を履くのにこれだけ苦労したとか、「歩かない！」と言って地面に寝てしまったけれどなんとか頑張って歩き通したとか、公園に着くまでの過程や保育者の働きかけを共有し合えると、もっと良くなると思います。

子どもが泣いたり駄々をこねたりといった負の部分はなるべく保護者に伝えないようにしているという園は多いようです。でも、保護者の立場になってみると、それはぜひ伝えてほしい情報です。保育者が本気になって子どもに向き合ってくれていることがわかれば、園という場所への理解が進むとともに、感謝の気持ちが生まれます。保育者の専門性を知ることもできます。

大豆生田：子どもを真ん中に置きながら、保護者と一緒に子どもを育てていく関係づくりは、働きやすさの面でも１つの鍵になりますね。

菊地：おっしゃるとおりです。園は保護者の就労支援をするけれどもサービス機関ではないということを、保護者はもちろん、保護者の勤め先である企業にも理解してもらいたいのです。

11時間保育が当たり前のようになってしまっていますが、それを前提に働く社会は、だれにとっても苦しいものになりがちです。

リーダーが取り組むべきメンタルヘルス周りの課題

大豆生田：コロナ禍もあり、園で働くことの大変さがここにきて露呈してきていると感じます。心や体がついていかないと感じる保育者が増えているのではないかと思うのですが、メンタルヘルスについてはいかがですか。

菊地：まさに今、リーダーが取り組まなければならない課題だと考えています。コロナ禍が始まったばかりの頃は、コロナに対する恐怖心が強く、保育者の中には「なぜ私たちが出勤しなければならないの」という方もたくさんいました。

その時「頑張ろうよ！」と背中を押せるリーダーは少なかった印象があります。多くのリーダーは、保育者の気持ちを受け止めるだけで、対処の方法を示せませんでした。

仕事として頑張らなければならない状況においては、「こういう対策を取るから頑張ろう」「保護者にはこういうお願いをするから頑張ろう」などと言って、保育者に納得してもらいながらも引っ張ることができるリーダーが求められています。

大豆生田：保育者が疲れ果てていて、バーンアウト寸前という話も聞きますから、大事なことですね。

菊地：もう1つは、ハラスメントの問題ですね。保育業界はほかの業界と比べて、ハラスメントが起こりやすい業界です。人間関係が狭くて閉ざされた空間で、長い時間を一緒に過ごしますので。涙を流しながらハラスメントのつらさを訴える保育者が少なくないのもうなずけます。

大豆生田：具体的に、どういうハラスメントが多いのですか。

菊地：パワーハラスメントです。ここからがハラスメントだという線引きは難しいのですが、例えば指示の仕方によっては「ハラスメントを受けた」と感じてしまう保育者もいます。

仕事柄、声が大きい人が多いので、普通に話していても強い口調に聞こえてしまいがちだということなのかもしれません。

大豆生田：確かにこの業界、地声が大きい人は多いですね。ここは強調して書いておく必要がありますね。「声が大きいことで相手に与えるインパクトは、声を出している本人が思う以上に大きいんですよ」と。

菊地：子どもたちがわーっとたくさんいるなかで、どうしても大きい声になっている事情はあると思います。でも、声の大きさに萎縮してしまう保育者がいることは知っておいたほうがいいでしょうね。自分は普通に指導をしているつもりでも、相手はハラスメントだと感じたり、心を病んだりすることもあるのです。

とはいえ、声の大きさなど生まれつきの部分を指摘するのは難しいものです。リーダーとしては、言いにくいことを上手に伝えるスキルをぜひ磨いてほしいですね。

一人ひとりを尊重しながらキャリア形成できるように

大豆生田：これまで職場というものは、経験のある人が経験のない人をいかにできるようにさせるかという考え方がマネジメントの基本にあったと思うのです。ハラスメントの問題にもつながると思うのですが、要するに、経験のある人が権力をもち、経験のない人が支配されるという上下の関係性が強かった。でも、働きやすさという点でそれはどうなのかな、という疑問が生まれてきました。

実は、経験がない人も、経験がある人にはない、いいものをいっぱいもっています。上下の関係にこだわらず、一人ひとりの個性を尊重することで、働きやすい職場に転換していけるのではないかと思っているんです。

実際、実習生からも学ぶ姿勢がある園は評価され、人材確保につながっています。園としてありがたいのはもちろん、実習生からすると、未熟なりに一生懸命やったことを認めてもらえたといううれしさがあります。それは互いにとっていいことですよね。

菊地：キャリア形成のマネジメントにもつながりますね。これだけいろいろな種類の園ができ、転職も当たり前になってきたにもかかわらず、中途で採用した時に今までのキャリアをなかったことにしてしまう園は多いのです。

今までの経験を加味して処遇を決めるのが本来のあり方だと思うのですが、「うちの園はうちの園の価値観でやっているので、今までの園のことは忘れてうちの園に合わせてね」「だから、お給料もいちばん下からのスタートね」という園もあります。

それだと保育の質も高まりません。中途で採用した人にいろいろな価値観をもち込んでもらうことで、個人の価値観と園の価値観をブレンドしながら、保育をより良くしていこうという考え方ができる園のほうが伸びると思うのです。

そうなると、どこの園に行っても今までの経験や価値観が認められ、自分の力を活かせるようになるためのキャリアパス制度が必要です。保育者を自園に囲い込み、自園の色に染めるというのではなく、人材の流動性をもたせて業界全体を良くしていくためのキャリアパス制度ができるといいですね。

大豆生田：そのキャリアパス制度は、出来合いのものではダメですね。リーダー層がキャリア形成の道筋を考えながらつくることが大切です。

菊地：キャリア形成の考え方は、採用の場面にも必要です。経験者を採用する場合、今までどんな仕事をしてきたのか職務経歴書などで確認することになると思うのですが、具体的にどんな経験をしたのか、どんな強みがあるのか、どんな分野に力を入れてきたのかをしっかり聞いてほしいです。

保育の専門性も幅広いので、適材適所で得意なところを伸ばすということがこの業界でもっと当たり前になってほしいですね。

大豆生田：保育者一人ひとりの良さを活かすために、リーダー層は日常のかかわりだけでなく、仕組みづくりから取り組んでいけるといいですね。

菊地：保育を評価してフィードバックできるようになるといいですね。保育者はほめて伸ばすことは得意だと思うのですが、それだけでなく「ここはとても良くできているけれど、もっと良くなるためにこうしたほうがいいよ」と言えるようになるといいのかなと思います。

保育者の力を伸ばすためには、課題にも一緒に目を向けて、スモールステップでよいので少しずつ目標をつくってあげるといった方法があります。それができるリーダー層がいると、その園はすごく良くなっていくと思います。

大豆生田：そうすると、自分の良さをちゃんと活かしてくれる職場だという理解が職員の中で高まりますね。ありがとうございました。

より良い園づくりのための労務の視点

より良い園づくり、職場づくりにおいて、労務の面ではどのような視点が大事になるのでしょうか。ここではリスペクト型マネジメントにかかわる労務の４つの視点を取り上げます。

執筆　菊地加奈子（社会保険労務士法人ワーク・イノベーション代表）

より良い園づくりのための労務の視点とは？

視点❶

労務に関する法律の知識

- □労務管理を法律で規制しているのはなぜ？
- □正しい労務管理のために園長がすべきことは？
- □専門家にはどんな時に相談するとよい？

→P.91

視点❷

長期的なキャリアを見据えた多様な働き方

- □ほかのシフト勤務の業種と比べてみると……
- □長期的キャリアの視点で保育の仕事を見ると？
- □正職員が少なくなっている原因とは？

→P.92

視点❸

保育の質を高めるキャリアパス

- □キャリアパスとは、本来どういうもの？
- □キャリアパスを活かす評価の役割とは？
- □キャリアパスと保育の質の関係とは？

→P.93

視点❹

保育者の育成と処遇改善

- □職員の待遇や給料とどう向き合うか？
- □保育者の尊厳を守る労務管理とは？

→P.94

視点❶ 労務に関する法律の知識

労務管理を意識する園が増えてきていますが、それでも「休憩は取れなくて当たり前」「仕事は持ち帰らないと終わらない」という考えも根強く残っています。

労務管理は、法律に基づいて行われるものですが、ではなぜ、強制的に法律で規制しているのでしょうか。それは、**保育者が心身共に健康でいられることや家庭生活とのバランスを考えることは、働く人たちの「人権」にかかわる**ことだからです。子どもの最善の利益を追求するために働き手の人権を無視してよいということでは決してありません。

そもそも保育や教育の世界では、子どもとかかわる時間を「労働」と捉えることに違和感があるかもしれません。それは、子どもとかかわる時間は苦しい時間であるべきでなく、対価が生まれるサービスでもなく、かけがえのない時間であるという考えがあるからではないでしょうか。でも、休みも休憩も取れず、自宅に戻っても仕事をしなければならないという働き方に喜びと充実感を感じられるでしょうか。最近では、保育者の心身の疲弊が原因での不適切な保育や、職員が一斉に退職して保育が成り立たなくなる深刻な事態も起こっています。保育者一人ひとりが仕事に対して誇りをもち、一生涯かけて保育の楽しさを味わっていけるよう、園長を中心にしっかりと保育者の人権という原理原則を考えなければならない時期に来ています。

では、正しい労務管理のために園長は具体的に何をしていくべきでしょうか。まずは園の就業規則を一つひとつ確認することです。就業規則には労務管理で押さえておくべき項目について、法律の基準を下回らない範囲で園ごとにルールを定めて記載されているため、現状を知るには最適です。ただ、この就業規則が何年も改定されておらず、法改正にも対応できていなかったり、実態と合わないルールであったりするため、修正しなければならないことが多々あります。

また、そもそもの正しい法律の知識がないと何が正しくて何が間違っているのかを判断することもできません。もしもわからない場合は、社会保険労務士などの労務の専門家を頼り、一緒に確認しながら現状とのすり合わせをしていきましょう。すぐに改善できなかったとしても、優先順位をつけて取り組むべきことを整理できます。人手不足が大きな原因であれば、求人の方法、育成の方法、変形労働時間制などの時間管理の方法なども一緒に考えていくこともできます。

専門外だからとわからないままにせず、園長の責務として正しい知識をつけて視座を上げていくことも大切なことです。

視点❶ チェックリスト

- □ 子どもの最善の利益とともに保育者の人権についても考えている。
- □ 自園の就業規則の労働時間管理の方法を把握できている。
- □ 課題の優先順位をつけられている。
- □ 職員一人ひとりについて、働きづらさの原因となっている問題を把握できている。

視点❷
長期的なキャリアを見据えた多様な働き方

保育園や認定こども園は人材不足が深刻であるにもかかわらず、開所時間が長く、有資格者の配置要件などもあるため、ほかのシフト勤務の業種と比べても不足なくシフトを組むというのが特に難しい業種と言えます。こうしたなかで、多様な働き方をつくっていこうという園が増えてきました。

多様な働き方を導入するうえで、もう1つ大切な視点があります。それは、保育者の長期的なキャリアという視点です。正職員として入職した保育者が、働き続けることを難しく感じて離職してしまういちばんの転換期を考えた時、「出産」を想定する人はとても多いでしょう。

しかし、もっと長期的な視点で見てみると、様々なステージでハードルがあるのです。例えば、新人の頃は最も学びの時間が必要な時期と言えますが、「独身で時間制約がない」ということを理由に早番・遅番・雑務を大量に押し付けられてしまいがちですし、ベテランになればスキルが高まり、園における役割も増えてくる一方で、体力の低下や家族の介護といった問題も出てきます。

このように、働き方を考える際には長期的な視点で捉えることが重要で、キャリアに合わせた**多様な働き方を整えることで、保育者としての職業人生がより豊かなものになっていく**のです。

そして、そもそも正職員が以前よりも

図　ライフステージにおける保育者のキャリアの課題

少なくなっている原因はどこにあるのかについて考えてみると、正職員の負荷が大きすぎるということも挙げられます。また、正職員の仕事の内容が明確になっていないために「なんとなく大変そうだから」ということを理由に、仕事を制限してしまうということもあります。高いスキルとたくさんの経験値を惜しみなく発揮することなく、引き出しにしまってしまうことは、園全体にとって保育の質を落とす要因でもあるのです。様々なライフステージの状況に合わせて保育者が最大限の力を発揮できるよう、働き方を考えていくことがとても重要になります。

視点❷ チェックリスト

- □ 若手、中堅、ベテランとそれぞれのステージごとの障壁を理解して多様な働き方を提供している。
- □ 育児や介護と仕事の両立を考え、安心してキャリアアップできる支援をしている。
- □ 職員の3年後、5年後のキャリアを一緒に考えている。

視点❸ 保育の質を高めるキャリアパス

キャリアパスとは、キャリアの道筋を示すものです。役職等級が定められていたり、給与が紐づいていたりするため、なんとなく「職員のスキルや給料を測るためのものさし」と考えられがちですが、本来は一人ひとりがこの先どのようなキャリアを積んでいきたいのかということを見据えるための指標であるべきです。

そしてもっと言うと、専門職の特性上、経験とともに役職に就いて上がっていくというキャリアだけを望む人でなく、現場でずっと保育を楽しみ、その専門性を高めていきたいという職人気質の人もいるはずです。このように、昇格して、若手を育成したり、園全体を考えてマネジメントしたりしていくことを目指すだけではないのが専門職の世界のおもしろさです。そして、**それぞれの個性や特性に合わせて適材適所で能力が発揮できるようになれば、仕事はもっとおもしろく、そしてやりがいにあふれたものになっていく**と考えられます。

そして、キャリアパスをどうやって活かしていくかということを考えた時、「評価」はとても重要です。評価と言うと、できている点・できていない点を個別にジャッジして点数を付ける通信簿のようなものを想像されるかもしれませんが、キャリアパスと同じように、単にスキルや給料を測るためのものさしではないのです。

園長は職員に対して、日頃からこのキャリアパスを示しながら、それぞれの職業人生に寄り添って長期的なキャリアの伴走をしていくと、職員の能力ややりがいが格段に上がります。この時、キャリアパスを示しながら一人ひとりの目標設定を共有し、その人がより良くなっていくためにはどうすればよいのかを客観的にフィードバックをすること、これこそが本来のキャリアパスと評価の本質です。そして、表のように、だれもが同じゴールを目指す必要もありません。園長やリーダー層がしっかり職員と向き合い、活かしていくことで保育者のキャリアが豊かなものとなり、保育の質がより高まっていくと言えるでしょう。

表 職員の目指す方向性に合わせたキャリアパス

部下を育て、園全体をマネジメントするリーダーを目指したい	部下を育てることやマネジメントすることは苦手だが、保育を楽しみ、現場で力を発揮したい
役職	役職
園長	※専門リーダー以上の昇格はないが、専門職としてのスキルを最大限に活かしていく
副園長・教頭	
主任・主幹教諭	
副主任・中核リーダー	専門リーダー
クラスリーダー	職務分野別リーダー・若手リーダー
担任等	
新任	

新任、担任の頃からキャリアのイメージがもてるような教育を

視点❸ チェックリスト

- □ 職員の希望や適性に沿ったキャリアパスを考えている。
- □ マネジメントタイプ・職人気質など、職員が自分の強みを分析できている。
- □ 職員の目標に伴走し、定期的にフィードバックを行っている。
- □ 新任向けのキャリア教育を行っている。

視点❹
保育者の育成と処遇改善

子ども・子育て支援新制度に移行してから、処遇改善等加算も各園にだいぶ浸透してきました。ただ、処遇改善等加算はとても複雑で、細かい事務手続きもあるために、本質を見据えた運用に至っていないという現状もあります。

視点❸では、キャリアパスや評価は、単に職員のスキルや給料をジャッジするためのものさしではないと書きました。そして、そもそも保育の世界においては、保育の質をお金で換算したり、保育者の頑張りに対する評価をお金でのみ判断したりすることに違和感をもつ人が少なくないようにも見受けられます。でも、働いている以上、やりがいや職業の魅力を盾にして待遇の話を切り離すことはできません。このようななかで、園長はどのように職員の待遇や給料と向き合えばよいのでしょうか。

答えは「育成の視点」をもつことです。経験年数とともに確実にスキルは上がっていきますが、目的意識も目標もなくただ仕事をしているよりも、**自分自身を振り返る機会をもち、目標をもって学びの時間を得ながら日々の保育に向き合っているほうが確実に経験の幅も価値も上がります**。実はこれらがすべて網羅されているのが処遇改善等加算制度なのです。これまでの職業人生としてのキャリアを丸ごとその人の経験値として受け入れ、キャリアパスに基づいて自身の強みを捉え、目標設定をして、必要な研修を受講し、キャリアアップしていった人たちの待遇が上がるというこの制度を、園長が育成の視点をもって運用していくことがとても重要になると言えるでしょう。

はじめに労務管理の重要性を示しましたが、労働の対価＝賃金という図式がなぜ、あらゆる業界のあらゆる仕事において成り立っているのかというと、その人が働く時間というものは、単に「そこにいるだけ」の時間ではなく、長い時間をかけて育成され、積み上げられてきた経験値の集大成をその瞬間、瞬間に提供してくれている、まさにプロフェショナルとしての貴重な時間だからです。そのすべてに対し、園長が敬意をもって受け入れること、そしてより豊かな時間になるように、一人ひとりの負担を考えながら、最適な育成計画を立てて学びの機会を提供し、保育の楽しさを共有しながら個々の意識を高めていくこと、それらに対して適切な労務管理のもとに待遇が保障されていくことが重要になります。

こうした園長のかかわりによって、保育の質の向上だけに留まらず、保育者全体の尊厳が守られながら、一人ひとりが心から保育の仕事を楽しみ、専門性が向上する好循環が期待できるでしょう。

視点❹ チェックリスト

- ☐ キャリアパスと処遇、キャリアアップのために必要な育成について把握している。
- ☐ 前職を含めたこれまでの経験を適切に測ることができている。
- ☐ 自園の給与制度、昇給の仕組みを把握している。
- ☐ 園全体の職員育成計画を立てている。

「語り合う保育」へ向けて
皆さんで取り組んで
みてくださいね！

［編著者］

大豆生田啓友（おおまめうだ ひろとも）

（玉川大学教育学部乳幼児発達学科教授）

専門は、保育学、乳幼児教育学、子育て支援。厚生労働省「保育所等における保育の質の確保・向上に関する検討会」座長代理。著書に「子どもの姿ベースの指導計画シリーズ」（全３巻、フレーベル館）ほか多数。講演会やNHK Eテレ「すくすく子育て」のコメンテーターとしても活躍。

［執筆・協力］

第２章　**社会福祉法人東香会**
上町しぜんの国保育園
（園長・青山誠、職員一同）

第３章　**学校法人ひじり学園**
せんりひじり幼稚園
（主任・藤原晴子、澤野友里、梅木絵美）

第４章　**田澤里喜**
（玉川大学教育学部教育学科教授、
学校法人田澤学園東一の江幼稚園園長）

第５章　**菊地加奈子**
（社会保険労務士法人ワーク・イノベーション代表）

本書の第２章・第３章・第４章（一部）は、2020年４月号～2021年３月号『保育ナビ』の連載等の内容を整理して、加筆・修正したものです。

［表紙・本文イラスト］イイダミカ
［本文イラスト］すぎやまえみこ
［編集協力］こんぺいとぷらねっと
［写真］渡辺 悟
［校正協力］鷗来堂

保育ナビブック

実践から読み解く

園のリーダーのための リスペクト型マネジメント

② 語り合う保育の12か月

2022年8月8日　初版第１刷発行

編著者　大豆生田啓友
発行者　吉川隆樹
発行所　株式会社フレーベル館
〒113-8611 東京都文京区本駒込6-14-9
電　話　営業：03-5395-6613
編集：03-5395-6604
振　替　00190-2-19640
印刷所　株式会社リーブルテック

表紙・本文デザイン　blueJam inc.（茂木弘一郎）

ISBN 978-4-577-81520-5　NDC376
96ｐ／26×18cm

乱丁・落丁本はお取替えいたします。
フレーベル館のホームページ
https://www.froebel-kan.co.jp